ACTIVA
El Cerebro

CÓMO AYUDAR A POTENCIAR LA MENTE
DESDE LOS PRIMEROS MESES A LOS 6 AÑOS

Macarena Antequera

Del texto:
Macarena Antequera García

Perfil profesional:
@makypoppins

Diseño de edición:
Elena Torres Andrés

De la presente edición:
Grupo Sar Alejandría S.L

Edita:
Saralejandría Ediciones

ISBN: 978-84-10105-90-4
Depósito Legal: CS 196-2025

A mis hijos, mi marido y mi familia, por estar cuando os necesito y vuestro apoyo sin medida.

A mis pequeños genios, por ser magia cada día en el aula.

INDICE

PRÓLOGO

Hay una gran razón para activar el cerebro de nuestros peques, y es porque los amamos y, por tanto, queremos su máximo bienestar. Sabemos que el cerebro es el órgano rey que controla lo que piensan, sienten, cómo se mueven, cómo aprenden, lo que recuerdan... en definitiva, lo que son ellos mismos. Por eso, el ayudarles a potenciar lo que son, así como el crearles recuerdos felices con nosotros en ese tiempo en el que realizan actividades para esa potenciación, lo que me gusta llamar estimulación en casa, y en lo que la autora de este libro, Maky, es toda una experta en su primera infancia, los peques de cero a seis años.

¿Pero quién es Maky? Pues Maky, a quien conocí como Makypoppins gracias a Instagram, es una madre y maestra que comparte sus conocimientos y experiencias en dicha red social para que todo el mundo pueda replicar sus propuestas con facilidad e inspirarse para crear otras nuevas. Una de sus grandes virtudes es transformar conceptos pedagógicos en actividades prácticas y atractivas, diseñadas con tanta claridad y sencillez que se hace imposible no llevarlas a la práctica, ya sea en casa o en el aula. Personalmente, siempre logra convencerme para participar en cualquier proyecto o idea que se le ocurre, aunque creo que viceversa pasa un poco igual, pues es de esas personas que sin apenas conocerte confía en ti y se implica en tus proyectos, consiguiendo descubrirte más opciones de las que le propusiste en un principio.

Cuando la conocí, Maky no era más que otra cuenta de Instagram con actividades sencillas. Tenía muchos más seguidores que yo, pero la interacción con ella era siempre correspondida y rápidamente se convirtió en mi primera *instamiga* que, junto con otra mamá de esta plataforma, formamos un grupo y creamos los #thekidschallenge. Con esto, una serie de retos semanales nos ayudaron a mantener la cordura durante los días del confinamiento, pues además de la estimulación cognitiva de peques, de lo que habla este libro, también nos ayudó a organizar esas largas jornadas en casa con nuestros hijos, crear ratos de aprendizaje y unión con ellos, así como un tiempo de creación y motivación para nosotras mismas que debatíamos

los diferentes temas de propuestas para los retos, y después ocupábamos nuestras mentes en el diseño, puesta en marcha, desarrollo, documentación y posterior subida a redes de cada actividad propia. Creo que después de compartir tanto en ese confinamiento, se creó una relación difícil de romper, pase el tiempo que pase. Éramos un trío de madres en busca de pasar un tiempo de confinamiento lo mejor posible emocionalmente para nuestros hijos y en el que su aprendizaje no se viese afectado por no poder ir al cole. He de decir que cuando me propuso escribir este prólogo, más que sorprenderme me alegró, pues es un orgullo el poder incluir unas letras en este primer libro de mi querida @makypoppins.

Tienes que leer este libro si quieres ayudar a tu peque a desarrollar al máximo su potencial y prevenir posibles dificultades de aprendizaje, además de ayudarles a aprender jugando partiendo de habilidades manipulativas y la confianza en sí mismos. Pues, en estas páginas, así como en sus redes, Maky te da una visión global para entender lo que es la estimulación cognitiva, las competencias cognitivas y cómo desarrollarlas con actividades sen-cillas de organizar o entender el porqué es bueno como madre o padre realizar esta estimulación en casa cuando nuestros hijos e hijas son pequeños/as.

María García Calero

Maestra de Educación Primaria, PT, Audición y lenguaje, psicopedagoga.

Instagram: @mammiflower

PRESENTACIÓN

¡Hola! Me llamo Macarena Antequera, soy maestra de Educación Infantil y madre de dos niños de 9 y 7 años. Me gustaría presentarme un poquito antes de que comiences a leer este libro y contarte cómo ha sido mi experiencia profesional en esta etapa.

Desde pequeña me encantaba ver a las maestras de infantil en el colegio cuando iban con sus pequeños por los pasillos, verlos en el recreo compartiendo momentos de descubrimientos... También, cuando conocía a alguna maestra, me gustaba que me contara experiencias con sus alumnos y así imaginarme que yo algún día podría ser una figura tan importante como ella.

Me diplomé en Magisterio, en la especialidad de Educación Infantil por la Universidad de Cádiz, en la escuela universitaria de Magisterio de La Línea de la Concepción. Nada más acabar mis estudios, comencé a prepararme las oposiciones mientras trabajaba en una escuela infantil del primer ciclo como auxiliar.

Debo confesar que, desde que puse el primer pie en este ciclo educativo, descubrí en la práctica un mundo que me llenó por completo de motivación. Esto es porque, para mí, se descubrió un universo en la educación que hasta el momento tenía más desconocida: de 0 a 3 años.

Después de 3 años como auxiliar, comencé a trabajar en otro centro infantil como tutora de un aula de 1 año y, a continuación, estuve 8 años en un colegio privado en el que tuve la oportunidad de ejercer como tutora en todos los cursos de la etapa de educación infantil hasta el segundo nivel del segundo ciclo.

Actualmente, soy tutora de un aula de 1 año en un centro infantil del primer ciclo desde hace 4 años.

Durante todo este tiempo, he coincidido con compañeras que han sido unas grandísimas profesionales en el campo de la docencia y de las que he aprendido muchísimas cosas. Pero los grandes protagonistas e implicados en mi formación como docente son los alumnos, con los que he disfrutado de cada curso escolar y gracias a los cuales me he convertido en la docente que soy hoy en día.

He realizado multitud de cursos formativos, asistido a talleres y jornadas pedagógicas con el fin de renovar y mejorar mi práctica educativa y, así, poder enfrentarme mejor a las dificultades que se fueran presentando en mi grupo de clase.

Además, participé como ponente en el I Congreso Internacional Educar desde el alma, organizado por Jaisa Educativos en 2021, en el que impartí un taller sobre cómo crear material educativo divertido al alcance de todos.

Mi experiencia como docente y madre me ha permitido aprender y comprender de primera mano que, más allá del gran universo de prácticas que podemos llevar a cabo en un aula, debemos respetar los ritmos de aprendizaje de cada niño, motivarlos y guiarlos en su desarrollo, sin dejar de lado sus necesidades e intereses.

Cuando llegó la pandemia de 2020, me encontraba en paro y totalmente dedicada a mis hijos. El más pequeño tenía 2 años y comenzaba a presentar dificultades en el desarrollo del lenguaje. Tras varias visitas a especialistas, le diagnosticaron un trastorno específico del lenguaje (TEL), con el que llevamos echando un pulso diario desde entonces.

Gracias a todo esto, tengo totalmente claro que es muy importante tener asumido, interiorizado, aprendido, entendido... (elige el término que quieras), que cada niño y niña es un ser único, diferente e irrepetible y que cada uno florece en su momento específico. No hay que adelantar los procesos, pero sí es muy importante favorecer o proporcionar al menos todas las vías posibles para facilitar su desarrollo, fortalecer sus cualidades y prevenir o minimizar cualquier posible dificultad futura.

Como resultado, en septiembre de 2019 creé @Mmakypoppins, una cuenta educativa en redes sociales con el fin de ayudar y proporcionar material tanto a padres como a profesionales de la educación que quieran favorecer el aprendizaje de los más pequeños o acompañarlos en ese proceso desde casa con propuestas educativas muy motivadoras, manipulativas y, sobre todo, lúdicas.

@Makypoppins

INTRODUCCIÓN

Con el paso de los años he podido comprobar, gracias a mi experiencia personal con mis hijos y mis alumnos, que no dejamos nunca de aprender. Acabé mis estudios universitarios pensando que lo sabía todo sobre los procesos de aprendizaje y desarrollo de los niños y niñas desde su nacimiento hasta los 6 años. Sin embargo, cuando pisé un aula con mis propios pies, no tardé en comprobar que estaba muy equivocada.

La teoría está muy bien. Es necesaria e importante saberla, además de tenerla muy presente cada día, pero la práctica es un universo absolutamente diferente y fundamental en esta profesión.

Es en ese momento, cuando compruebas que ningún niño o niña se desarrolla de la misma manera, que hay quienes comienzan a desarrollar capacidades, habilidades o destrezas en tiempos diferentes... y eso, compañero o compañera de batallas, no está mal; sino que es la verdadera belleza de todo este proceso de desarrollo y aprendizaje.

El problema que observo hoy día es que existe una tendencia a competir y a comparar unos hijos con otros y, por querer estar a la altura de las expectativas sociales, tendemos a adelantar los procesos sin tener en cuenta las necesidades, intereses, motivaciones, dificultades o carencias, lo cual debería prevalecer sobre todo lo demás y ese «deseo» es muy común encontrarlo todavía en nuestra sociedad.

También me resulta bastante satisfactorio ver que en el ámbito de la educación y crianza de nuestros pequeños hay cada vez más padres tan involucrados como las madres, lo que me parece fantástico.

Cada vez se quiere que los más pequeños alcancen objetivos educativos antes y eso es lo que no está bien. Yo misma he pecado en alguna ocasión de esto, hasta que fui madre y pude comprobar que cada niño tiene necesidades, intereses, motivaciones o dificultades diferentes. Hay que respetar los procesos individuales, pero a la vez jugamos un papel fundamental en su aprendizaje.

En este libro vas a encontrar una parte de la educación desconocida para muchos, como es la estimulación temprana, pero me centraré en desglosaros un área de esta en particular: la estimulación intelectual.

Considero fundamental explicaros brevemente el porqué de este tema para el libro.

Como ya os he comentado en la presentación, tengo dos hijos; pero es el más pequeño al que con dos años le diagnosticaron un trastorno específico del lenguaje (a partir de ahora lo encontraréis escrito como TEL).

Todo comenzó cuando no decía el número de palabras que, por norma general, debía decir a su edad (según dicen los expertos en el desarrollo del lenguaje) y, además, en el seno familiar apenas se comunicaba empleando un lenguaje oral entendible. Transmitimos nuestra preocupación a todos los implicados, tanto en su educación (su tutora) como en su salud (su pediatra) y, al coincidir en que existía una clara dificultad para comunicarse, comenzamos el proceso de valoración de su situación en la Unidad de Atención Infantil Temprana. Fue derivado al Centro de Atención Temprana de nuestra zona, donde finalmente le diagnosticaron TEL. Esto facilitó que, desde el primer día al comenzar el segundo ciclo de Educación Infantil, ya tuviera todas las ayudas que podía proporcionar el centro: logopeda, pedagogo terapéutico y monitor de apoyo.

Esta dificultad que mi hijo presentaba en el área del lenguaje también le afectaba en el campo intelectual, ya que este tipo de trastorno, entre otras dificultades, impide que interiorice correctamente la comprensión del mensaje que se le emita y, educativamente hablando, no le permitía alcanzar los objetivos de la etapa de infantil. Por este motivo, desde casa decidimos estimularlo con propuestas educativas que, desde un enfoque lúdico y motivador, ayudaran a mi hijo en su proceso de desarrollo, enseñanza y aprendizaje.

Como padres, siempre se tiene el deseo de que nuestros hijos sean autónomos rápidamente, que no tengan dificultades en su desarrollo, que gateen o comiencen a andar cuanto antes, que su evolución sea la adecuada, tal y como marcan los hitos del desarrollo infantil, que comiencen a hablar enseguida… y, si no tiene problema alguno en aprender a leer y hacer cálculo inicial en infantil, ya es cuando «soltamos los fuegos artificiales». Sin embargo, cada niño tiene su ritmo de maduración y la paciencia y el respeto se nos olvida muy a menudo.

Cada pequeño nace con un potencial a desarrollar único y es nuestra obligación, primero como padres y madres, ofrecer desde el seno de la familia todas las posibilidades que estén a nuestro alcance para garantizar una crianza segura y feliz. Segundo, como docente, una vez te llega tu grupo de clase, ser lo suficientemente capaz de facilitar al alumnado los métodos o formas necesarias para que puedan continuar su proceso de enseñanza y aprendizaje de la manera más adecuada y posible a su ritmo de maduración y desarrollo.

En este libro vas a encontrar un apoyo a tus dudas sobre la estimulación intelectual, aprender qué habilidades puedes ayudar a potenciar en tu hijo para facilitar su desarrollo cognitivo, descubrir qué papel desempeñas en este proceso o un gran número de propuestas educativas superfáciles de preparar en casa.

Está dirigido tanto a padres, profesionales y todas aquellas personas que sientan curiosidad por conocer la estimulación temprana y cómo ayudar a los más pequeños a potenciar la activación de la mente desde el nacimiento hasta los 6 años.

Solo pretendo ofrecer ideas para trabajar este campo educativo tan desconocido para muchos o confundido para otros. Lo expreso en esos adjetivos porque, normalmente, se piensa que la estimulación temprana es un terreno reservado exclusivamente para tratar con aquellos niños y niñas que tengan alguna patología, discapacidad o necesidad educativa. Sin embargo, este no es su principal objetivo y en el desarrollo de este libro entenderás el porqué.

En estas páginas me gustaría que encontraras un apoyo a tus dudas en estimulación temprana, una guía para trabajar desde casa fácilmente con tus hijos e inspiración para crear tus propios recursos.

La estimulación temprana podemos encontrarla (como más públicamente se la conoce en el área terapéutica, que es la

que la sanidad ofrece) dedicada a aquellos pequeños y pequeñas que presentan dificultad en su desarrollo y necesitan de una serie de tratamientos o prácticas que les ayuden en su crecimiento y, así, minimizar cualquier posible necesidad u obstáculo que puedan estar presentando o aparecer en el futuro. No obstante, desde el ámbito de la educación también podemos practicarla en todos los espacios en los que el niño se desarrolla. Su hogar y el aula son los primeros espacios que se te pueden ocurrir, pero si te dijera que hasta en una cafetería puedes trabajar la estimulación de tu peque... ¿me creerías?

Sin alargarme más en esta introducción, quisiera hacer hincapié en la importancia de nuestro papel como adultos responsables de nuestros hijos o alumnos, debemos aprender a actuar como guías y facilitadores de todas las posibles actuaciones que estén en nuestra mano en todo su proceso de crecimiento y desarrollo. Somos modelos a seguir y nuestras conductas y formas de actuar son el primer ejemplo que reciben.

HABLEMOS DE ESTIMULACIÓN TEMPRANA

En mi experiencia, he podido observar que estimular a los más pequeños desde los primeros meses de vida conlleva un beneficio seguro a largo plazo. Poco a poco aprenderás a ver la estimulación con otros ojos y a comprender el valor tan significativo que tiene.

Lo primero que voy a hacer en este capítulo es explicarte en qué consiste de una manera sencilla para que lo entiendas lo mejor posible.

La estimulación es algo que se da de manera natural en el desarrollo del bebé. Esto es debido a que recibe estímulos externos continuamente al estar en contacto directo con el medio que les rodea desde el momento en que nacen, aunque también puede llegar a darse antes del nacimiento, en el vientre de la madre, donde percibe todos esos estímulos a través de sus receptores sensoriales. Pero este proceso te lo explicaré más adelante para ayudarte a comprender el desarrollo y funcionamiento del cerebro del niño.

Los niños, una vez nacen, aprenden de cada interacción sensorial, física y social en la que se encuentran inmersos, ya sea de manera directa o indirecta. Son grandes observadores por naturaleza y, a través de la experiencia, se van transformando en pequeños genios.

Tienen una motivación constante e insaciable y cualquier pequeña cosa les puede resultar atractiva e interesante. Sin embargo, al igual que la capacidad y velocidad de aprendizaje, su interés suele disminuir conforme va creciendo y ahí es donde entramos en juego como adultos responsables de su educación, pudiendo actuar como guías en este proceso. Cada situación puede suponerles un reto para avanzar y adquirir más base para su conocimiento.

Al actuar con nuestros pequeños con la intención de estimularlos, es importante que esta actuación la llevemos a cabo de manera constante, prolongada y buscando respetar tanto sus necesidades físicas, emocionales y neurológicas como desarrollar sus capacidades al máximo.

Estas actividades son diseñadas y organizadas en función de la edad del destinatario, de las etapas del desarrollo en la que se encuentre y de las habilidades que se le quieran potenciar.

Como te he comentado anteriormente, antes existía un pensamiento común en la sociedad que creía que la estimulación temprana correspondía o estaba destinada únicamente a aquellos niños y niñas cuyo proceso madurativo no correspondía con los hitos comunes del desarrollo infantil y presentaban dificultades en su aprendizaje, situación que les impedía alcanzar los objetivos de las áreas en las diferentes etapas educativas.

Gracias a que hoy día ese pensamiento sobre la estimulación no es generalizado, se tienen en cuenta que los ritmos y estilos de maduración son diferentes y únicos en cada niño y niña, que no necesitan una actuación o intervención más completa con estimulación porque no vayan al mismo nivel que sus compañeros, sino porque así podemos prevenir posibles dificultades, sacar el máximo partido a su desarrollo integral y favorecer que se conviertan en personas autónomas e independientes.

La estimulación temprana consiste en ofrecer al niño, desde temprana edad, todas las técnicas, actividades, intervenciones... que le permitan favorecer su desarrollo, potenciar sus habilidades y prevenir cualquier dificultad futura.

No se trata de actuar precozmente, sino de acompañarle en el momento adecuado de su desarrollo para ayudarle a conseguirlo de manera integral y armónica en todas las áreas: psicomotora, socio-afectiva, lenguaje, cognitiva y sensorial.

Cuanto antes se le ofrezca esta estimulación, mejores beneficios obtendrá en el futuro de su desarrollo.

Decimos «cuánto más temprano mejor» porque los niños se encuentran en las mejores condiciones para aprender. Esto es debido a la velocidad y enorme capacidad en la que pueden hacerlo durante sus tres primeros años de vida, momento en el que son auténticas esponjas y cada interacción con ese niño o niña se convierte en una oportunidad más para llenarlo de aprendizaje, con situaciones cargadas de intención por desarrollar vínculos afectivos, apego seguro, su autonomía, su felicidad y su autoestima.

Las actividades que se llevan a cabo están diseñadas y organizadas en función de la edad del bebé, de las etapas de maduración y desarrollo, de las habilidades que convenga potenciar y de cualquier otro factor que quiera abordarse.

Antes de seguir, me gustaría explicarte los objetivos principales de la estimulación temprana:

- Prevenir posibles dificultades futuras de aprendizaje o desarrollo.

- Permitir el máximo desarrollo del niño a escala general o en áreas específicas.

- Adaptar las actividades a la etapa de desarrollo por la que está pasando el niño.

- Favorecer un cambio de actitud de los padres y miembros de la comunidad en cuanto al manejo del ambiente, para que conviertan este en un lugar sano, alegre y adecuado para el óptimo desarrollo del niño.

- Canalizar el deseo innato de cada niño y niña por aprender para desarrollar su potencial creativo.

- Despertar el interés y curiosidad de los niños y niñas por aprender desde temprana edad a través de experiencias sensoriales enriquecedoras.

- Darle la oportunidad al niño de aumentar su seguridad y confianza en sí mismo.

- Enriquecer las relaciones interpersonales, el disfrute por pasar tiempo junto a sus padres (y viceversa) y desarrollar vínculo afectivo.

- Conseguir todo lo anterior desemboca en facilitar un camino hacia su felicidad.

La estimulación temprana se basa en varios fundamentos teóricos del desarrollo infantil. Entre estas teorías encontramos:

- La teoría del aprendizaje social: la cual sugiere que los niños aprenden a través de la observación y la imitación de los comportamientos de las personas que les rodean y, por tanto, se pretende enseñar buenas conductas y comportamientos sociales positivos y saludables.

- La teoría del desarrollo cognitivo: desarrollada por Jean Piaget, defiende que los niños pasan por diferentes etapas de desarrollo cognitivo que se construye sobre la base de las etapas anteriores.

- La teoría del apego: sugiere que los bebés desarrollan un fuerte vínculo emocional con sus cuidadores principales, lo que les proporciona una base segura desde la que explorar y aprender sobre el mundo.

- La teoría del desarrollo socio emocional: se centra en cómo los niños y niñas aprenden a regular sus emociones, establecer relaciones sociales y desarrollar una identidad propia.

Llegados a este punto del capítulo, es necesario hablarte sobre los beneficios o ventajas de aplicar la estimulación temprana en la educación de tus hijos.

Son tantos los planos del desarrollo infantil que se ven envueltos de manera positiva en la estimulación, que solo puedo darte motivos o razones por las que sí debes hacerlo con tu pequeño o pequeña:

1. Motiva a los niños y niñas a adquirir nuevos conocimientos.

2. Favorece la autonomía y seguridad en sí mismos.

3. Fomenta la creatividad y la imaginación.

4. Conocen nuevos recursos para poder jugar.

5. Aumenta la capacidad de aprendizaje y análisis.

6. Crea mayores lazos afectivos entre los padres e hijos.

7. Fortalece sus músculos al trabajar tanto la motricidad fina como la gruesa.

8. Ayuda en los procesos de socialización.

Una vez has conocido todas sus ventajas y sus fundamentos, creo que te he dado motivos suficientes para que consideres la estimulación temprana como un derecho fundamental de los niños y niñas.

Y déjame que te diga que cada vez son más los padres interesados en trabajar la estimulación desde los primeros meses de vida, buscando el mejor desarrollo global de sus hijos. Prueba de ello es que cuando buscan un centro infantil para matricular a su bebé, quieren que la estimulación sea la metodología base del centro.

Antes de pasar al siguiente capítulo, debes recordar que la estimulación engloba diferentes campos o áreas de desarrollo que están interrelacionados entre sí. Esto significa que la estimulación de un área influye en el resto. Cuanto más se fortalece cada una de ellas, más se afianza toda la estructura de la persona. Por eso, es necesario estimular todas las áreas de aprendizaje con la misma intensidad, interés y dedicación si buscamos alcanzar un desarrollo en armonía del niño.

Estas áreas de estimulación o campos de desarrollo son:

SENSORIAL:

Sobre la estimulación de los sentidos del niño y constituye el canal por el que el niño recibe la información de su entorno a través de los distintos sentidos y de su propio cuerpo. El desarrollo sensorial es, por lo tanto, la experimentación que el niño tiene a través de los sentidos y, con el paso del tiempo, desarrollan sus capacidades cognitivas, lingüísticas, emocionales, sociales, físicas y creativas por medio de actividades lúdicas.

PSICOMOTORA:

Se refiere a las transformaciones físicas con las que se da la adquisición del control del propio cuerpo y el desarrollo máximo de las posibilidades de acción y expresión de este. Corresponde también al desarrollo de las posibilidades físicas, expresivas y creativas a partir del cuerpo, lo que le lleva a centrar su actividad e interés en el movimiento. Se divide en motricidad fina y motricidad gruesa. La primera es sobre el control de los músculos en las manos y dedos y la coordinación del ojo al agarrar o manipular objetos (recortar, manipular objetos pequeños, escribir...). La segunda corresponde a los movimientos del cuerpo, como lanzar pelotas, caminar, saltar, reptar, gatear, suspender la cabeza, etc.

LENGUAJE:

Es sobre la forma de comunicación con los demás. Ya desde que es un bebé, el niño se puede comunicar antes de decir palabras y, de forma progresiva, van desarrollando el habla.

SOCIO AFECTIVO:

Incluye experiencias que permiten al niño relacionarse con los demás, respondiendo a determinadas normas de convivencia y modelos de interacción. Es una de las áreas del desarrollo más importantes, ya que es determinante para el bienestar del niño. Se vincula con las emociones, sentimientos, actitudes y la relación con su entorno social.

COGNITIVA:

Se refiere a los procesos como la atención, la percepción, la memoria, el razonamiento lógico, la orientación espacial, la observación, conceptos matemáticos, resolución de problemas, etc. Además, se trata de la principal área que ocupa el desarrollo del siguiente capítulo.

LA ESTIMULACIÓN COGNITIVA

La estimulación cognitiva es el conjunto de técnicas que se dirigen a desarrollar, perfeccionar, maximizar y favorecer el funcionamiento cognitivo a través de propuestas de actividades basadas en el juego fomentando un trabajo de la memoria, la atención, la concentración, el lenguaje, el razonamiento y control, etc.

Este conjunto de técnicas tienen como fin estimular las capacidades cognitivas para ayudar a favorecer de manera positiva e integral en el desarrollo y aprendizaje de los más pequeños.

No puedes olvidar nunca que los primeros 6 años de vida de los niños y niñas son de vital importancia en el proceso de crecimiento del cerebro y sus capacidades. Esto es debido a que, en este periodo de tiempo, se caracteriza por tener una gran flexibilidad neuronal que posibilita el desarrollo de funciones esenciales. Pero, ¿cómo se produce esto?

Uno de los principales objetivos de la estimulación cognitiva es conseguir nuevas conexiones entre neuronas para acrecentar los procesos neurológicos. A más conexiones, mayor espesura en la red neuronal, mayor fluidez de la información que recibe a través de los estímulos, mayor facilidad para el aprendizaje y, finalmente, con el tiempo, mayor adaptabilidad al medio y a las circunstancias que puedan presentarse. Este desarrollo neurológico es algo que damos por asumido que se produce de manera natural y que no necesita de nuestra intervención, pero es una creencia o pensamiento no acertado.

Estos estímulos, que te he mencionado que se consideran ambientales, son captados por sus sentidos a través de los receptores sensoriales que, a su vez, van nutriendo al cerebro de información. Este irá tejiendo una red cada vez más espesa de neuronas conforme haga más conexiones entre ellas, llegando a conseguir que el niño o niña alcance progresos en su desarrollo como el control de la postura, dar sus primeros pasos o decir sus primeras palabras, entre muchísimos más logros.

Como ves, el cerebro tiene el papel principal en el proceso del desarrollo de tu bebé. Es quien dirige todas las áreas del desarrollo, relacionando estrechamente una con otra.

No sé si lo sabes, pero el tamaño del cerebro de los niños al nacer tiene aproximadamente el 25 % del tamaño de un cerebro adulto y, a los dos años, ya posee entre el 80 y 90 % del tamaño adulto. Esto es importante para que seas consciente de cómo estos primeros años de vida son primordiales para cuidar la estimulación que su cerebro recibe al ser tremendamente receptivo.

Llegados a este punto, es primordial que sepas que existen multitud de autores que pueden ayudarte a entender de manera científica en qué consiste la estimulación cognitiva. Una de ellas, como la neurociencia, que ha demostrado que el cerebro recibe influencias tanto del entorno como de su mapa genético (es decir, lo que le viene de serie de su padre y de su madre) y que existe un periodo temprano de oportunidades para brindar al niño de enriquecimiento, estimulación y posibilidades que necesita su cerebro y, así, ayudarlo a alcanzar su máximo potencial.

La neurociencia se centra en comprender el desarrollo del cerebro infantil, cómo se forman esas conexiones neuronales y cómo influyen estos procesos en el aprendizaje y desarrollo infantil.

Te puedes hacer una idea de que al nacer un niño o niña, su cerebro es un lienzo en blanco, preparado para absorber experiencias e interiorizar conocimientos. El ambiente en el que nacen y las experiencias en las que crecen condicionan, de una manera u otra, la estimulación de cada uno, en especial desde su nacimiento hasta los 3 años, ya que es el periodo de vida más sensible en cuanto a su desarrollo neurológico, debido a la plasticidad que caracteriza a su cerebro en ese momento.

Esta es la capacidad que tiene el cerebro de modificar e incorporar la nueva información a la base de su conocimiento. Cuanto más aprendamos, más ejercitado estará nuestro cerebro y le favorecerá a mantenerse activo y funcional durante mucho más tiempo. Como ves, todo esto es una de las cosas que caracterizan y diferencian al ser humano de los demás seres vivos.

Pues bien, hay dos factores que influyen directamente en ella: la edad y la experiencia. La primera porque, como te he dicho, cuanto más temprana es su edad, con mayor rapidez aprende y el segundo porque la experiencia vivida va cargada tanto de conocimiento positivo como negativo. Puedo explicártelo con un ejemplo muy significativo: cuanto más estudias y asimilas los conceptos, más preparado estás para el examen; pues cuanto más joven es el niño, absorbe los conocimientos con mayor rapidez.

El cerebro crece a medida que se usa más y la inteligencia es el resultado de mantenerlo activo, comprendiendo y razonando, lo cual son una serie de numerosos procesos cognitivos.

Cada niño tiene un cerebro único para aprender. Ni siquiera el de dos hermanos gemelos es igual al otro, además de tener su propio ritmo de desarrollo. Esto significa que cada uno posee diferentes formas de aprender y procesar la información, ya que el cerebro de cada niño se adapta y cambia a lo largo del tiempo en respuesta a las experiencias que vive.

Esto está relacionado con la diversidad neurocognitiva, que consiste en que cada persona tiene una dotación biológica única y ese contacto con el entorno define la evolución de su desarrollo. Por todo esto, debes evitar comparar a los niños entre ellos porque algunos pueden destacar antes que otros en diferentes áreas. Entonces, te doy este consejo: acepta la diversidad cognitiva y no compares nunca.

Es conveniente acercarte a la teoría del desarrollo cognitivo de Piaget. No puedes trabajar la estimulación cognitiva sin entender qué etapas forman parte del desarrollo neurológico de los niños. Esta teoría supone el punto de partida de muchos modelos educativos para explicar el aprendizaje infantil basado en la experiencia mediante la interacción del niño con el medio.

Tras años de investigación, el psicólogo suizo Jean Piaget formuló un modelo explicativo del desarrollo cognitivo infantil y la formación de la inteligencia humana, el cual defiende que el niño va sumando y reestructurando conocimientos y destrezas gracias a la interacción activa con el mundo que le rodea. A través de esto, Piaget explicaba que las estructuras cognitivas se vuelven más complejas hasta que el niño o niña da sentido a la realidad y construye su propio conocimiento.

De esta manera, Piaget diferenció cuatro etapas en el desarrollo cognitivo durante el proceso evolutivo infantil.

A) PERIODO SENSORIOMOTOR:

Ocupa desde que nace hasta los dos años. Se caracteriza porque los bebés utilizan sus sentidos para aprender del mundo que les rodea. En esta etapa, el niño interacciona con el medio a través de los reflejos innatos que va modificando y perfeccionando por ensayo y error; detecta que sus acciones influyen en el entorno y brota la motivación y el interés por explorar (por ejemplo, se desplaza hasta un objeto que llama su atención), comienza a anticiparse a lo que puede suceder (si hago ruido mis padres acuden a mí). Este tipo de aprendizaje que realiza se llama juego funcional. Aquí, predomina el juego funcional o de ejercicio que ya te explicaré en el capítulo 8.

B) PERIODO PREOPERATORIO:

Va desde los 2 a los 7 años. El pequeño o pequeña desarrolla la capacidad de representación, crea imágenes mentales acerca de la realidad, es decir, empieza a usar su imaginación, imita acciones de los adultos y sus iguales, muestra signos de juego simbólico, aparece el egocentrismo, ya que su razonamiento se centra en sí mismo y se creen que todo lo que ocurre está relacionado con él.

C) PERIODO DE LAS OPERACIONES CONCRETAS:

Comprende desde los 7 a los 12 años. En esta fase el niño utiliza la lógica para hacer sus conclusiones y razonamientos sobre los sucesos, realidades y en resolución de problemas. Su pensamiento se limita a situaciones concretas y tangibles y sus conocimientos interiorizados anteriormente se han organizado en estructuras más complejas. En este periodo predomina el juego de reglas.

D) PERIODO DE LAS OPERACIONES FORMALES:

Ocupa desde los 12 a los 16 años. En la adolescencia es cuando el niño desarrolla el razonamiento hipotético deductivo, lo cual consiste en que, ante un problema, el adolescente analiza todas las opciones y valora diferentes hipótesis sobre su causa y efecto. Los problemas se pueden presentar de manera figurada, sin necesidad de que el adolescente tenga ninguna experiencia sobre lo ocurrido. En esta etapa, destaca la aparición de la metacognición, la cual es la capacidad de poder reflexionar sobre nuestro propio razonamiento.

Ahora que ya sabes unas nociones básicas, y muy importantes, sobre la teoría cognitiva de Jean Piaget, toca que conozcas que, según este autor, se producen dos procesos de equilibración y ajuste constante fundamentales para el desarrollo cognitivo. Los niños y niñas interactúan con el mundo a través de la asimilación y la acomodación. La asimilación ocurre cuando los niños interpretan nuevas experiencias a través de sus esquemas mentales existentes. Mientras que la acomodación tiene lugar cuando los esquemas mentales se modifican para adaptarse a la nueva información.

Piaget también describió los esquemas como las estructuras mentales que utilizamos para organizar y comprender el mundo. En las primeras etapas del desarrollo, los esquemas son simples y se centran en acciones físicas. Con el tiempo se vuelven más abstractos y complejos, se organizan en estructuras cognitivas más coherentes y amplias. Este proceso de organización contribuye a la adquisición de habilidades cognitivas avanzadas, de las que más adelante te hablaré con todo detalle.

Para este autor, el juego tiene un papel fundamental en el desarrollo cognitivo, ya que a través de él, los niños y niñas exploran y experimentan el medio que les rodea poniendo en práctica sus conocimientos, per-

mitiéndole probar nuevas ideas y resolver problemas, lo cual fomenta su desarrollo intelectual y creativo. Pero esto es demasiado importante como para comentártelo aquí por encima. Más adelante encontrarás todo un capítulo dedicado a la importancia del juego.

Otro término importante en la teoría cognitiva es el error cognitivo. Estos no se consideran fracasos, sino más bien oportunidades para el aprendizaje. Los errores revelan los límites de su pensamiento y forman parte crucial del proceso de construcción del conocimiento.

En este punto del capítulo, conviene introducir la neuroeducación. ¿Has oído hablar de ella?

Es una rama de la enseñanza que estudia el funcionamiento del cerebro durante el proceso de enseñanza-aprendizaje, es decir, el desarrollo del cerebro y cuál es su reacción ante diversos estímulos que posteriormente se transformarán en conocimientos.

Está enfocada en conocer los procesos cerebrales que se involucran en el aprendizaje, la memoria, la atención, la motivación y el comportamiento, para así desarrollar estrategias educativas más adaptadas a las necesidades de los alumnos y alumnas; busca una mejor calidad de la educación que se aplique en todos los contextos educativos.

Los elementos implicados en la aplicación de los conocimientos de la neuroeducación en el ámbito educativo son:

- **Aprendizaje:** enfocado en cómo el cerebro aprende, cómo se forma la memoria y cómo se realiza la interiorización de la información.

- **Desarrollo cerebral:** comprensión del funcionamiento del cerebro en relación con las diferentes edades y momentos del desarrollo para así identificar estrategias pedagógicas adecuadas.

- **Motivación:** como la motivación afecta al aprendizaje, permitiendo identificar factores que influyen en la motivación de los alumnos y alumnas.

- **Emociones:** abordan cómo estas influyen en el conocimiento.

- **Atención:** atiende a cómo mantener la atención durante el aprendizaje.

- **Plasticidad:** se centra en la capacidad del cerebro para adaptarse.

- **Individualidad:** tiene en cuenta las diferencias individuales y capacidades únicas de cada persona, permitiendo así la adaptación de estrategias pedagógicas a las necesidades específicas de cada alumno.

Por otro lado, en la neuroeducación, el concepto de inteligencia emocional es una vertiente a tener muy en cuenta. Es la capacidad de reconocer los sentimientos propios y ajenos, motivarse y manejar las relaciones de manera adecuada. Pero esta es una rama de la inteligencia tan amplia que no voy a entrar en este libro.

Después de invadirte con tantos conceptos y teorías acerca del desarrollo cognitivo infantil, es el momento de explicarte qué es lo que te permite resolver tareas, enfrentar obstáculos en tu día a día... pero, para ello, nos trasladamos al siguiente capítulo.

HABILIDADES COGNITIVAS, ¿QUÉ ES ESO?

Como te he dicho en el final del segundo capítulo, después de haberte dado tanta información acerca del desarrollo cognitivo infantil, es el momento de explicarte qué son las habilidades cognitivas.

A la hora de investigar sobre la cognición infantil, surge una duda principal: ¿cómo es posible que podamos entender algo, que recordemos una información, que sepamos actuar frente a una situación...? Todo eso y más es posible gracias al conjunto de aptitudes, capacidades, funciones, facultades o procesos de nuestra mente. Tantos términos y todos se refieren al mismo conjunto de habilidades.

Estas son las competencias cognitivas. Se definen como las capacidades mentales que permiten al niño aprender, comprender, interactuar, adaptarse, interpretar, analizar, razonar, resolver problemas y procesar información. Estas habilidades son fundamentales para el desarrollo intelectual de los niños y se adquieren desde sus primeros años de vida. Están relacionadas directamente con el aprendizaje y la experiencia.

Hacen que nuestro cerebro procese todo lo que nuestros sentidos captan como los sonidos, los olores, sabores, colores, texturas..., dándole una interpretación para posteriormente integrar las características de esos estímulos a nuestro conocimiento.

Estas capacidades son fundamentales y es muy importante que se trabajen de la mejor forma posible, además de que se desarrollan durante toda la vida. Incluso en la vejez continúa su proceso de desarrollo, pues siempre estamos aprendiendo algo nuevo debido a nuestra constante relación con el medio y el ambiente que nos rodea.

Desde el momento en que nacemos estamos continuamente interactuando, como en nuestra llegada al mundo. El llanto de un bebé se produce de forma innata y es una llamada de atención: «Estoy aquí y necesito tu ayuda». A partir de ahí y a través de los estímulos que vamos recibiendo en nuestro desarrollo, se van generando huellas en nuestro sistema nervioso central a través de la especialización de grupos de neuronas. Estos grupos de neuronas están asociados a funciones definidas y bien organizadas, hasta alcanzar un sistema complejo y perfectamente engranado. Este desarrollo nos permite relacionarnos con el mundo, adaptándonos, ajustándonos y adecuadamente respondiendo a las demandas que nos reclama y satisfaciendo las necesidades que presenta.

Los procesos cognitivos utilizan diferentes habilidades para realizar diversas tareas y tienen que trabajar en equipo. Por ejemplo: conversar con alguien y pensar una respuesta, leer un texto y acordarte de lo que has leído, recordar la letra de una canción, prestar atención y no distraerte, reaccionar ante un estímulo, etc. Podría estar enumerándote infinitas situaciones, pero simplemente la mínima acción que haces en tu día a día ya es el resultado de los procesos cognitivos influenciados por las diferentes habilidades cognitivas que has desarrollado a lo largo de tu vida.

Puede que todavía las competencias cognitivas te suenen a chino o algo así, pero si te las enumero y defino brevemente seguro que las entenderás rápidamente.

ATENCIÓN:

Es la capacidad de enfocarse en estímulos externos e internos y poder responder una opción, podemos poner interés en una información que nos resulta más relevante de la que se nos presenta. Vivimos en un mundo cada vez más lleno de estímulos y distracciones, por lo que esta es una habilidad muy importante a desarrollar. Esta actividad la realizamos de manera continua y muchas veces inconscientemente.

OBSERVACIÓN:

Permite enfocar la atención en diversos elementos como objetos, personas o situaciones para discriminar sus atributos distintivos. Es la aptitud que ayuda a ignorar estímulos irrelevantes que llaman nuestra atención, direccionando la atención a un punto específico. Puede ser directa, si el objeto se experimenta de primera mano; o indirecta, si se recurre a fuentes de información secundarias.

CREATIVIDAD:

Podemos definirla como la capacidad de crear, inventar, construir o llegar a un razonamiento a través de la asociación de varias ideas y conocimientos no necesariamente relacionados entre sí. Aquí es importante tener en cuenta que cuanta más información tenga el niño, más herramientas posee para combinar de manera interesante e innovadora. La imaginación, la motivación, la abstracción y el juego simbólico son fundamentales en su desarrollo.

MEMORIA:

A través de la percepción, nuestro cerebro organiza y procesa la información de los sentidos, integrando los estímulos y asignándoles significados. Después de comprenderlo, necesita registrar ese conocimiento, fijarlo y así poder acceder a él cuando sea necesario. Todo este proceso se consigue a través de la memoria. Aunque parece algo muy sencillo, es una capacidad de vital importancia para un desenvolvimiento adecuado en nuestro día a día. Acciones tan básicas como hacer de comer, vestirnos, recorrer un camino hasta un punto... están estrechamente relacionadas con esta capacidad cognitiva.

RAZONAMIENTO LÓGICO:

Depende de la observación del mundo y todo lo que sucede en él para darle sentido a lo que percibe. Esta es una de las principales habilidades cognitivas, ya que proporciona la base de la creación de las ideas y es necesaria para la comprensión y el entendimiento. Es la facultad que permite resolver problemas mediante la reflexión, prevención y hacer planes; extraer conclusiones y aprender de manera consciente de los hechos, estableciendo conexiones lógicas entre ellos.

LENGUAJE:

Es la forma de expresión del pensamiento. Nos permite diferenciarnos del resto de seres vivos. Podríamos decir que nuestra especie posee un código que generamos para traducir lo que sentimos y pensamos en palabras. Este lenguaje se divide en oral y escrito. Gracias a él, podemos cantar una canción, explicar una historia, leer las instrucciones de un aparato, expresar lo que sentimos...

EMOCIÓN:

La emoción es una reacción que puede ser positiva, negativa o ambas a la vez. Influyen en la manera en que el niño siente, piensa y actúa. Un buen desarrollo de las habilidades socioemocionales es fundamental para una correcta base de relaciones saludables y convivencia social.

PERCEPCIÓN:

Es una capacidad cognitiva que todos los seres humanos tenemos, gracias a la cual nos ayuda a recibir, interpretar y comprender todas las señales que provienen del exterior, ordenándolas a través de la información que reciben nuestros sentidos. Supone el primer acercamiento a los estímulos: conocerlos, captarlos, percibirlos y darnos cuenta de que algo nos reclama.

ORIENTACIÓN ESPACIAL Y TEMPORAL:

Nos posibilita estar ubicados correctamente en el espacio y en el tiempo. Así podemos saber qué fecha es, donde estás, qué día es tu cumpleaños, la fecha de entrega de un proyecto, el camino a la universidad, cómo leer un mapa... Nos proporciona la capacidad de prestar atención a la información del entorno que nos puede resultar útil para guiarnos como un olor, un ruido, una imagen, etc.

FUNCIONES EJECUTIVAS:

Son aquellas capacidades que se encargan de procesar y organizar la información, determinar la toma de decisiones y gestionar la respuesta emocional. Es superimportante desarrollarlas porque son fundamentales para completar cualquier actividad con éxito en nuestro día a día, resolver un problema, alcanzar los objetivos o metas que te propones, gestionar tus emociones continuamente, etc. Aquí encontramos el control inhibitorio, el control emocional, la flexibilidad cognitiva, la memoria de trabajo, la planificación y la organización. Es importante que también sepas de qué se tratan estas funciones porque no son cualquier cosita que ocurre en nuestro cerebro así porque sí.

El control inhibitorio es la habilidad que nos permite pensar antes de actuar, tomarnos el tiempo que necesitamos para evaluar lo que sucede y las consecuencias de nuestra conducta.

El control emocional es la capacidad que tenemos de regular nuestras emociones en las diferentes situaciones para poder adaptarnos a los cambios.

La flexibilidad cognitiva es la habilidad de adaptarse a las situaciones cuando tenemos que realizar cambios en algo que ya teníamos planeado, modificando nuestra conducta y emociones a la nueva situación que sucede de manera imprevista.

La memoria de trabajo es aquella capacidad que nos permite utilizar la información que ya habíamos aprendido y mantenerla en la mente de forma temporal para utilizarla en el momento que la necesitemos.

La organización y la planificación pueden parecer lo mismo, pero no te equivoques, porque no es así. La organización nos permite estructurar la información de la manera más adecuada para actuar y conseguir nuestro objetivo; mientras que la planificación permite descomponer la actividad en aquellos pasos necesarios para poder llevarla a cabo correctamente, distinguiendo lo que es importante y lo que no si pretendes alcanzar tu objetivo en el menor tiempo posible y de la manera más eficaz.

Una vez descubiertos los desconocidos protagonistas de este capítulo, es el momento de hablar del papel de los adultos en la estimulación de los niños.

EL PAPEL DE LOS PADRES

Quiero que te imagines que tu hijo es una planta en crecimiento que necesita agua, luz solar y nutrientes, si no se les proporciona, no crecerá de manera integral. Pues en el desarrollo infantil ocurre de la misma forma. Necesita un cuidado esencial para llegar a florecer y ese papel fundamental lo juegan los padres.

Ya os lo he explicado varias veces en el desarrollo de este libro, que la estimulación temprana es algo fundamental que los más pequeños deben experimentar desde primera hora; pero te insisto en que no es un lujo, sino una necesidad.

Tú sabes que para poder invertir en el futuro, tienes que ir depositando dinero en un banco o una hucha... La estimulación de tu hijo o hija es tu inversión como padre en su banco del desarrollo.

Antes te conté que cada bebé tiene unas necesidades, que estas son fundamentales y deben ser cubiertas: fisiológicas, emocionales y neurológicas. Te explico brevemente qué son cada una de ellas.

Las necesidades fisiológicas son las que se relacionan con la supervivencia y, por lo tanto, deben estar cubiertas para que el bebé sobreviva: su alimentación, cuidados de higiene, salud, sueño, crecimiento...

Las necesidades emocionales se refieren al vínculo que establecemos con el bebé para que se sienta protegido y querido, pudiendo así crear un vínculo de apego seguro que le permita desarrollarse con armonía y asentar unos buenos cimientos para futuras habilidades sociales.

Por último, las necesidades neurológicas, que están íntimamente relacionadas con el cerebro, las neuronas, el entorno y los sentidos.

Para cualquier procedimiento de estimulación temprana debemos tener en cuenta el conjunto que forman estas necesidades de las que te he hablado.

Ya sabes que el momento más idóneo para el desarrollo de las capacidades cognitivas es la infancia o primeros años de vida y, en este periodo, quienes son los primeros educadores de los niños y niñas son sus padres. Al estar más cerca de los hijos, los padres tienen un papel fundamental en la estimulación cognitiva de estos y, ¿sabes qué?, no

necesitas más que un poco de tiempo, paciencia y cariño para llevarlo a cabo.

Un dato que te puede gustar mucho, es que la estimulación resulta muy enriquecedora para todos los miembros de la familia, ya que son muchos los aspectos de la vida familiar que se ven afectados o involucrados: el tiempo de calidad con tus hijos, lazos de unión, apego seguro, bienestar y seguridad al niño, confianza entre los miembros, pasión por descubrir, motivación por saber más, autonomía, aumento de la autoestima, felicidad, trabajo preventivo de posibles complicaciones cognitivas..., entre otros muchos beneficios. La lista es interminable.

Debes brindarle tu apoyo, comprensión, ánimo, cariño, tu ejemplo..., así le enseñarás a razonar y a solucionar sus problemas, escuchando y respetando su punto de vista. Tú, como madre o padre de tu hijo o hija, tienes el papel principal en su estimulación cognitiva, llevando a cabo tareas que faciliten la consecución o mejora de los diferentes hitos intelectuales.

Por esto mismo, nunca olvides que TÚ eres una pieza fundamental en la construcción del aprendizaje de tus hijos o alumnos, porque inspiras, ayudas, guías, animas y apoyas sus pasos en su camino desde que nacen hasta que ya están preparados para volar solos.

A continuación te detallo algunas claves para lograr una estimulación enriquecedora:

- **Empecemos por la alimentación:** debes seleccionar una que sea adecuada y equilibrada en los primeros años de vida, ya que es esencial ofrecer una dieta rica en vitaminas, sin déficits de ningún tipo.

- **Ofrecer entornos estimulantes** libres de estrés, ansiedad, violencia... porque, en caso contrario, el cerebro de los bebés experimenta efectos negativos desde una temprana edad, pudiendo a afectar a conexiones nerviosas.

- **Favorecer un descanso adecuado** porque el sueño es considerado un factor vital en el proceso de fomentar la plasticidad cerebral. Durante el sueño profundo, el cerebro procesa las experiencias del día, consolida memorias y realiza conexiones neuronales esenciales.

- **Realizar propuestas a través del juego** es la mejor forma de estimular la plasticidad cerebral del niño en sus primeros años de vida porque favorece su óptimo desarrollo. Los aprendizajes se adquieren antes y mejor si son a través de una metodología basada en el juego, pues disfrutan y se divierten a la par que integran nuevos conceptos.

- **Tener en cuenta la individualidad del niño,** cada uno es único y diferente. Con esto quiero que tengas en cuenta que no puedes esperar que todos aprendan a la vez, ni al mismo ritmo, ni que les gusten el mismo tipo de juegos o propuestas. Incluso una misma actividad puede ser recibida de distinta manera por el mismo niño en diferentes momentos. Cada sesión se debe adaptar a sus necesidades y motivaciones.

- **El ambiente y el contexto** es muy importante tenerlo en cuenta, además de la edad del niño, su ritmo de aprendizaje o desarrollo y sus preferencias.

- **La naturalidad y la interacción son claves fundamentales** para una correcta estimulación temprana. Esto quiere decir que desde casa y en su día a día, se pueden aprovechar diferentes situaciones cotidianas para proporcionar estímulos al niño. No debes actuar dominando el juego, sino guiándolo, acompañándolo; así sacarás provecho de la lectura que estéis haciendo de un cuento, la experiencia vivida en una visita a un museo, de las conversaciones en el paseo por el campo etc.

- **Dejar que los propios niños exploren y descubran creando** les beneficiará en su desarrollo. Debes tener en cuenta

que es importante «soltarlos» para que conozcan y adquieran nuevos aprendizajes. La sobreprotección debes dejarla a un lado, ya que, en exceso, es perjudicial para el desarrollo de todas sus habilidades. Es necesario dejar espacio para que tome sus propias decisiones y experimente las consecuencias, ya sean negativas o positivas.

- **El orden y cuidado del ambiente y el lugar** tiene un impacto directo en el desarrollo neurológico y emocional del niño. Esto se debe a que su cerebro se beneficia de entornos estructurados y predecibles que fomentan la seguridad, regulación emocional y desarrollo cognitivo. Un entorno caótico genera estrés y sobrecarga emocional, lo que puede provocar respuestas negativas, irritabilidad o ansiedad. Hay que tener cuidado de no interpretar el orden con perfección o rigidez, sino como la creación de un entorno seguro para los niños en el que puedan explorar libremente.

Algo que siempre he tenido claro desde que comencé a estimular a mis hijos es que, además de sus juguetes, se pueden utilizar miles de elementos de la vida cotidiana como cartones de huevos, rollos de cartón, aros de madera, telas, objetos metálicos, arena, etc. Ten en cuenta que tú, como adulto, eres quien debe vigilar si es apto para su edad y cuidar especialmente el lado sensorial del objeto para su estimulación: si es atractivo para el menor, si es de fácil uso y, si deja de interesarle, estés preparado para cambiar de actividad antes de que su atención se haya perdido y trabajar la conservación del asombro.

Existen muchísimas herramientas y materiales que pueden utilizarse para la estimulación del cerebro del niño, por lo que mantenerse actualizado es de vital importancia

para conseguir un correcto desarrollo de cara al día de mañana.

Debemos ser capaces de proporcionarle los diferentes medios que disponemos en función de su edad. A veces creemos que porque nuestros hijos tengan multitud de juguetes, que además tienen luces y sonidos, ya están estimulados a través del juego y eso es totalmente lo contrario. Eso es, bajo mi punto de vista, sobreestimulación.

Sobreestimular consiste en dar más estímulos de los que puede asimilar el niño: sensaciones o ruidos fuertes, luces demasiado brillantes, juegos bruscos y cualquier acción humana que sobrepase las capacidades el niño. Cuando esto sucede, aparecen emociones negativas como miedo, enfado, estrés, rabia, ansiedad... Es como cuando tu pequeño está llorando, le dejas la tablet y deja de llorar. Las causas de la sobreestimulacion varían en función del bebé, al igual que su capacidad para manejarla.

Como padres, nuestra acción para evitar la sobreestimulación del bebé es hablar tranquilo y con un tono suave, que la habitación sea más silenciosa, mecerlo lentamente y reducir la cantidad de juguetes con los que juega.

EFECTOS DE LAS PANTALLAS EN EL CEREBRO DE TU HIJO

Actualmente, tienes a tu alcance multitud de juegos a los que acceder con las nuevas tecnologías. Es evidente que estos nuevos formatos son altamente motivadores para nuestros hijos e hijas, además de poseer un poderoso valor educativo si se utiliza con responsabilidad y buscando un objetivo sano en su utilización. Sin embargo, todos sabemos el grave peligro que puede llegar a suponer su mal uso o si abusamos de él.

Mi principal consejo es que no puedes ignorar la presencia de las pantallas en nuestro día a día. Es importante que las vayas incorporando de manera progresiva en su rutina, pero sin utilizarlo como sustituto o medio principal para su desarrollo. Nunca olvides fomentar a tu hijo a que siga jugando con otros juguetes tradicionales porque estos le ayudan a desarrollar la creatividad, imaginación, entre otras habilidades cognitivas tan importantes para su vida como ya te comenté en el capítulo 4. El uso de una tablet, móvil, ordenador… hace que el cerebro se centre en la pantalla e ignore todo lo demás. Así, fomentamos una dependencia a las tecnologías, tanto para entretenerse como para regularse emocionalmente.

Hoy en día, con tanta tecnología, estamos entorpeciendo el ciclo de juego y creatividad de los niños. Hay que permitir que se aburran, que busquen y encuentren una alternativa por sus propios medios, fomentar la imaginación y su desarrollo cognitivo. La solución a este problema de uso de pantallas sin control, consiste en que las uses de manera limitada y controlada, incorporando propuestas que ayuden a trabajar la interacción social y el pensamiento autónomo.

Hay estudios científicos que aseguran la existencia de una relación directa entre el uso de pantallas y la gestión de las rabietas en los niños y niñas y que evidencian que, a mayor uso de pantallas, mayor dificultad para regular las emociones, peor gestión de la frustración y sufren más rabietas y.

Para la elaboración de este libro, he encontrado a muchos autores que confirman esa relación. Las pantallas aumentan los desbordes emocionales, dando lugar a episodios de rabietas, frustración, estrés, ansiedad y conflictos, principalmente cuando les anunciamos la limitación de su uso o se las quitamos directamente. Esto es el resultado de haberse vuelto dependientes de la sobreestimulación que ofrecen estos medios y es que, la mayoría de las veces, no somos realmente consciente de sus efectos negativos a largo plazo e incluso en algunos casos a corto plazo.

Vivimos en una noria que no para de dar vueltas, en la que cada día se vuelve más difícil encontrar huecos para uno mismo, ofrecer tiempo de calidad a los tuyos, estar más presentes en su rutina... Dedicamos poco tiempo a dibujar, pasear al aire libre, observar un paisaje, leer un libro, jugar a un juego de mesa en familia, ver una película de principio a fin..., sin haber utilizado el teléfono móvil mientras hacías alguna de las cosas que te acabo de mencionar. Nuestros hijos nos ven en todo momento, nos imitan y copian nuestros gestos y actuaciones porque somos su primer ejemplo a seguir como primeros educadores de su vida. Para ellos, como tú lo haces está bien y es lo que ellos tienen que hacer. Por este motivo, pueden llegar a creer con total convicción de que también necesitan en su día a día un teléfono móvil o una tablet. Los niños aprenden más de lo que ven que de lo que decimos.

Yo misma he pecado de haber utilizado el móvil en numerosas ocasiones delante de mis hijos en momentos que no tenía que haberlo hecho. Les he puesto delante la pantalla para evitar una rabieta mientras estoy de compras o la espera en algún sitio, en un restaurante y así poder comer «tranquilos», para que no se duerma en el coche durante un trayecto… y el haberlo hecho sin limitaciones se convierte en un arma de doble filo.

Tenemos que ser conscientes de que su mente no gestiona el uso de estos aparatos con la misma comprensión y saber que nosotros y somos los principales responsables de su enseñanza en este campo. Es de vital importancia tomar medidas preventivas para evitar problemas de adicción, del aprendizaje, efectos negativos en la adquisición y expresión del lenguaje, en la comprensión lectora, además de dolencias musculares por malas posturas en uso continuado, entre otras más consecuencias.

Muchas veces no se trata de dejadez o querer estar menos pendiente de tus hijos, sino que es falta de información y no ser verdaderamente consciente de los problemas que puedes evitar.

No olvides que en la educación digital, tanto tu hijo o hija como tú, sois aprendices, porque todos tenemos que aprender a convivir con las pantallas sin que nos invadan en el terreno personal ni dejar que se conviertan en un elemento fundamental para vivir.

A continuación, me atrevo a darte algunos consejos que te servirán de gran utilidad para enseñar un buen uso de las nuevas tecnologías conocidas por todos como pantallas.

- **No usarlas como chupete emocional y, así, evitar el llanto repentino.**

- **Da ejemplo evitando usar la pantalla delante de tus hijos como entretenimiento para ti mismo: cuando estén estudiando, durante la espera a que te atiendan en el médico…**

- **Pon a su alcance, visual y manual, juguetes, juegos de mesa, libros, puzzles, folios y colores, plastilina, pinturas… como entretenimiento y aprendizaje.**

- **Evita el uso de pantallas antes de ir a dormir, esto favorece una relajación** más profunda sin una sobreestimulación digital que pueda provocarle pesadillas o dormir agitado y nervioso.

- El juego digital suele ser en solitario, mientras que en un juego de mesa comparte espacio y diversión con más personas, lo cual ayuda a la socialización, expresión oral, quiere jugar más porque comparte diversión al estar acompañado.

- Si estableces unos límites y normas para él, ten en cuenta que tú también debes cumplirlos porque eres el espejo en el que se mira. Por ejemplo, marcar un tiempo en familia en el que ningún miembro puede usar su móvil.

- Si son más mayorcitos, podéis establecer unas normas entre todos y así se sentirán comprendidos y valorados.

- Retrasa lo máximo posible la exposición de tus hijos a las pantallas.

- No utilizar dispositivos digitales durante la realización de tareas escolares, la hora de comer o en la silla de paseo.

- Siempre es importante supervisar el contenido al que acceden o activar el control parental, además de no dejarles utilizarlo si el adulto no está cerca para vigilar lo que está haciendo, que no pueda descargarse nada sin tu autorización.

- Nunca lo premies o castigues con el uso de pantallas como chantaje.

- Si los peques están jugando a un juego de mesa, etc., involúcrate en el juego.

Puede que te preguntes por qué tantas recomendaciones y es que, desde que nacen hasta los 3 años de edad, se produce el más rápido desarrollo neurológico de los niños y niñas.

Como dato interesante, su perímetro craneal mide al nacer unos 34 cm y 50 cm a los 3 años. Esto se debe al gran desarrollo neuronal que han experimentado en ese periodo de vida gracias a los sentidos, el juego y el movimiento. La atención se empieza a desarrollar, es fundamental aprender a focalizarla y las pantallas no ayudan a ello, sino que sobreestimulan a los más pequeños con los vídeos rápidos, sonidos, efectos visuales, luces estrambóticas...

Y, ya como colofón final para que te tomes en serio los efectos de las pantallas en nuestros pequeños tesoros, te explico a continuación las posibles consecuencias de su mal uso, prolongado y abusivo:

a EFECTOS NEGATIVOS EN SU SALUD EMOCIONAL: afecta a las habilidades para establecer y mantener relaciones, vínculos afectivos y empatía, falta de autorregulación y gestión de las emociones, además de contribuir al desarrollo de ansiedad y depresión.

b TRASTORNOS ALIMENTICIOS: si se acostumbra a comer con una pantalla delante, puede llegar a no reconocer cuando tiene hambre o está saciado y relacionar directamente su uso a comer algo sin necesitarlo realmente.

c DESARROLLO DEL LENGUAJE: suele estar vinculado el retraso del habla con el uso de pantallas porque afecta a la adquisición de vocabulario, habilidades comunicativas, la fluidez, expresión y comprensión verbal.

d PROBLEMA EN LA VISIÓN: fatiga ocular, sequedad de los ojos y problemas visuales como miopía, están estrechamente relacionados con una exposición prolongada a las pantallas.

e ALTERACIONES EN SU DESARROLLO NEURONAL: afectando al desarrollo cerebral directamente en aquellas áreas relacionadas con la memoria, la atención, el control de los impulsos, reflejos y la resolución de problemas, provocando graves dificultades de aprendizaje.

Ahora bien, me gustaría compartir contigo algunas alternativas a las pantallas para que te las apuntes desde hoy que me estás leyendo, por si aún no las habías tenido en cuenta.

Son solo algunas recomendaciones muy fáciles de llevar a cabo. En cualquier momento del día puedes ponerlas en práctica y no es necesario agendar un tiempo de calidad y disfrute con tus pequeños.

Buscar ese ratito, debería de ser nuestro objetivo principal del día, más que tener la casa completamente ordenada.

Una vez leí, que cuando tus hijos sean mayores, no recordarán si la cocina estaba limpia, la ropa al día de lavados y plancha, los cristales de las ventanas limpios..., sino que el principal recuerdo será aque-

llos momentos que compartían con sus padres, conversaban sobre sus intereses, pasiones y preocupaciones, qué juegos eran los más divertidos, qué películas podían ver una y otra vez sin parar de reír, qué tipo de música escuchaban y bailaban... y siempre se repite la misma cualidad. JUNTOS.

Nuestra principal tarea debería ser estar presentes con los cinco sentidos y así verás que cualquier momento y lugar se convierte en el mejor para estimular a tus hijos.

Los niños son el reflejo de lo que viven.

No puedo cerrar este capítulo sin ofrecerte algunas alternativas a la utilización de pantallas tanto en casa como en la calle, como pueden ser:

- Libros de pegatinas, de colorear, recortables, de manualidades...

- Puzzles y rompecabezas.

- Mordedores.

- Títeres.

- Cuentos.

- Juegos imantados: de construcción, puzzle, rompecabezas, tangram, etc.

- Pop Its.

- Libros sensoriales o de motricidad fina: en los que poder ensartar, pegar con velcro...

- Plastilina.

- Coches.

- Juegos de mesa de tamaño para llevar.

- Muñecos pequeños.

- Juegos de preguntas y respuestas.

- Jugar a las adivinanzas, veoveo, palabras encadenadas, el cuento interminable, cálculo mental, quién soy, las familias, etc. (algunos de estos juegos te los describiré en el capítulo siguiente).

Seguramente te digas a ti mismo:

Bueno, pero yo no le doy mi móvil ni la tablet..., solo le dejo la televisión. No es lo mismo.

Pues déjame que te diga que estás muy equivocado. Es cierto que no tienen el mismo efecto porque son pantallas diferentes y, por esto, el cerebro actúa de manera distinta ante cada una.

La tablet o móvil es una pantalla interactiva, es decir, el pequeño tiene el control y toca, arrastra, desliza, presiona y la pantalla da una respuesta inmediata, lo cual activa el sistema de recompensa del cerebro de manera muy intensa cada vez que obtiene una recompensa. Esto acaba convirtiéndose en un ciclo estimulante, pero vicioso y adictivo: quiero ver más vídeos, seguir jugando... El resultado de esta interacción es sobreestimulante para un niño o una niña con un cerebro que está en pleno desarrollo.

La televisión es una pantalla pasiva, que consiste en que el niño no tiene control directo sobre lo que ocurre en ella, la información es recibida de manera lineal, sin respuesta y no puede modificar lo que está viendo, a menos que cambie de canal o programa.

Puede parecer que una pantalla pasiva es mejor que la interactiva, pero ya te aseguro que no. Cuanto más tiempo pasa pegado a una pantalla, más tiempo pasa desconectado de la vida real.

También puede que pienses:

Uy Macarena, pero esas situaciones que comentas no es mi caso, porque yo le pongo juegos educativos en la tablet o el móvil y en ningún momento ven dibujos ni juegan a juegos que les deje conectarse con nadie.

Pues tampoco es bueno esos tipos de juegos. Y ya te digo que yo también lo he hecho, pero por mi experiencia no lo recomiendo.

El cerebro del niño necesita movimiento real no virtual, esto se debe a que el juego físico activa áreas del cerebro que una pantalla no puede hacer, como unas habilidades motoras, coordinación, equilibrio, descubrimiento de sí mismo respecto a los demás en el espacio, orientación espacial, etc. Cuanto menos movimiento físico, menos conexiones neuronales fortalecidas para el aprendizaje.

Los juegos digitales ofrecen estímulos rápidos que reducen la paciencia y la capacidad de resolver problemas, provocando dificultad en el desarrollo de la atención sostenida, la memoria de trabajo y en la capacidad creativa. Sin embargo, los juegos reales permiten una experiencia que estimula todos los sentidos al ofrecer una estimulación multisensorial completa y real.

Jugar en compañía proporciona conexiones emocionales reales, de carne y hueso, fomentando la empatía, la gestión emocional y la comunicación al interactuar cara a cara.

Así que, con todo esto que te acabo de explicar, considero que el mejor juego para el correcto y más óptimo desarrollo de tu hijo e hija es el juego real y libre. Ahora sí... pasamos al siguiente capítulo.

IMPORTANCIA DEL JUEGO EN LA ESTIMULACIÓN COGNITIVA INFANTIL

nma Marín, especialista en educación, declaró que «Jugar es un derecho fundamental de la vida infantil, que no puede concebirse sin él. Jugar es la principal actividad de la infancia y responde a la necesidad de los niños y niñas de tocar, mirar, curiosear, experimentar, inventar, imaginar, crear, expresar....».

Según la RAE, Real Academia Española, se define como hacer algo con alegría con el fin de entretenerse, divertirse o desarrollar determinadas capacidades.

Si le damos el sentido educativo, podemos definirlo como explorar, aprender sobre uno mismo, los demás y sobre el mundo que nos rodea. Para ir más allá, es una de las formas de aprendizaje esenciales para el desarrollo del niño desde que nace. Desde ese momento, nuestro instinto ya nos lleva a hacer pequeños juegos. Un bebé con solo semanas de vida juega moviendo sus piernas o tocándose las manos y llevándoselas a la boca. Puede parecer que eso no es jugar, pero es explorar y conocer su propio cuerpo a través de sus sentidos.

Con el paso de los días, podrá agarrar objetos o juguetes y explorarlos para incorporar nuevos conocimientos a partir de sus experiencias con ellos. Así, seguirá avanzando, poco a poco, hasta formas de juego más sofisticadas y evolucionadas.

Como bien dice Jean Piaget, «el juego es el trabajo de la infancia» y multitud de estudios lo confirman.

Es el medio que constituye y enriquece el desarrollo intelectual del niño, por lo que debe ir acorde a su edad para sacar el máximo provecho posible.

Este autor realizó una investigación completa de los principales tipos de juegos que van apareciendo según la edad del niño y situó en cada estadio de su estudio sobre el desarrollo cognitivo.

Piaget declaró que una vez que aparece un nuevo tipo de juego, no desaparecen los anteriores, sino que se perfeccionan y pasan a estar al servicio del posterior.

EL JUEGO FUNCIONAL:

Propio del estadio sensoriomotor, de 0 a 2 años y consiste en repetir una y otra vez una acción por el puro placer de obtener el resultado inmediato. Pueden realizarlo tanto con su propio cuerpo, con otra persona o con un objeto. Por ejemplo: arrastrarse, gatear, caminar, morder, chupar, lanzar, golpear, sonreír, tocar, esconderse… Entre sus beneficios están el desarrollo sensorial, el equilibrio, la interacción social, coordinación óculo manual, autosuperación, comprensión del mundo que le rodea…

EL JUEGO SIMBÓLICO:

Pertenece al estadio preoperacional, desde los 2 a los 6 y 7 años de edad. Este tipo de juego simula situaciones, objetos, personajes que no están presentes en el momento del juego. Por ejemplo: jugar a las tiendas, la cocinita, la escuela, simular una historia de piratas, astronautas, policías y ladrones… Sus beneficios son la comprensión y asimilación del mundo que les rodea, el aprendizaje de los roles de la sociedad adulta, favorece el desarrollo del lenguaje, la creatividad y la imaginación.

EL JUEGO DE REGLAS:

Pertenece al periodo de las operaciones concretas, desde 6/7 años hasta los 12. Este tipo de juego aparece mucho antes de este periodo cognitivo, más bien desde el uso de las primeras reglas utilizadas en el juego simbólico. Antes de comenzar a jugar, todos los jugadores saben en qué consiste el juego y lo que tienen que hacer cada uno, aunque conforme van creciendo, hasta los 12, las reglas van modificándose y haciéndose más complejas. Por ejemplo: juegos tradicionales como el escondite, pollito inglés, el pillapilla, deportes como el fútbol o baloncesto, juegos de mesa como el parchís, la oca, el ajedrez, etc. Entre los beneficios encontramos: favorecen el desarrollo del lenguaje, la memoria, el razonamiento, la atención, la reflexión, fomenta el aprender a ganar o perder, respeto del turno y las opiniones de los demás jugadores.

EL JUEGO DE CONSTRUCCIÓN:

Este tipo de juego aparece en el primer año de vida y va evolucionando a la vez que los demás. Comienza con los niños apilando un objeto sobre el otro, perfeccionando esta acción. Posteriormente, se hace para darle forma de algo, mejorando su realización en el plano vertical y horizontal. Por ejemplo: apila para hacer una simple torre, puzzles, colocar sillas o piezas para simular un tren, hace puentes, casas, juega con encajables más complejos... Entre sus beneficios encontramos: potencia la creatividad, favorece el juego compartido, aumenta la concentración y la atención, facilita la comprensión y el razonamiento espacial, desarrolla la coordinación óculo manual y la motricidad fina...

Entre todas las aportaciones del juego al desarrollo infantil, cabe destacar, es-pecialmente, la que realiza a la dimensión cognitiva. El juego pone en marcha las habilidades cognitivas del niño para permitirle comprender su entorno y desarrollar su pensamiento.

Te lo explico mejor con un ejemplo.

Una niña que está jugando con animales; aprende sus nombres y los verbaliza, sus características, construye una casa para meterlos y descubre la permanencia del objeto cuando no ve la figura, pero sabe que está ahí, inventa una historia, y así va aumentando su manera de jugar. Está simbolizando un mini mundo de animales, lo cual le lleva a comprender su entorno.

Jugar les motiva a aprender porque disfrutan del proceso mientras asimilan conocimientos de manera efectiva y rápida. Les brinda la motivación necesaria para hacerlo repetidas veces.

Mediante el juego, el niño utiliza sus conocimientos previos y se enfrenta a situaciones que requieren una adaptación constante, lo cual le ayuda a reorganizar y estructurar mejor su aprendizaje. El bebé va descubriendo el mundo examinando cómo afecta a su cuerpo. Por ejemplo, en cuanto puede agarrar un objeto y lo suelta y lo vuelve a hacer, comienza a explorar observando y entiende la relación entre acción y reacción. Cada interacción con su entorno a través del juego le permite desarrollar nuevas destrezas y consolidar las que ya tiene. Desde la flexibilidad cognitiva hasta la planificación y secuencia de tareas, el juego estimula el cerebro del niño, preparándolo para competencias clave de su vida diaria. Todo esto le supone un esfuerzo cognitivo que el niño y la niña no son conscientes que están realizando.

Acercándome al final de este capítulo, no puedo olvidarme de otros conceptos de juego que tanto benefician al desarrollo intelectual de los niños y muy puesto en práctica en las aulas:

EL JUEGO LIBRE:

Surge de manera espontánea, no es dirigido por el adulto, ni tampoco hay estereotipos. El niño elige a qué quiere jugar, con qué y dónde. Es el más indicado para motivarles a inventar, construir, soñar y que crezca la creatividad. Ayuda a los niños y niñas a formar su autoconcepto y crear su autoestima. Entienden mejor el mundo que les rodea y se adaptan mejor a los cambios del entorno.

EL JUEGO HEURÍSTICO:

Consiste en brindar a los niños un conjunto de materiales naturales no estructurados y cotidianos para ellos y que los manipulen y descubran por sí mismos. Pueden utilizarse: telas, madera, metal, conchas, elementos de la cocina, etc. Con la práctica de este juego desarrollan y favorecen sus habilidades cognitivas, motrices, del lenguaje y emocionales, se incentiva el descubrimiento y aprendizaje de manera autónoma a partir de la manipulación de objetos y materiales. Además, hay varias fases en su puesta en práctica evidentes: primero está la preparación del material, disponiéndolo en partes separadas si son diferentes en cuanto a texturas, formas... Seguido de la exploración en la que los niños actúan con total libertad sobre los objetos, investigando posibles usos y, por último, la recogida en la que hay que ordenar y clasificar los objetos según su categoría y esto propicia la característica del orden en el ambiente que tan beneficioso es en el desarrollo cognitivo si lo tenemos en cuenta.

Los objetivos del juego en las capacidades cognitivas del niño son:

- Estimular la capacidad de razonar, reflexionar e interiorizar.

- Estimular el pensamiento reflexivo y el representativo.

- Ampliar la memoria y ayudar a focalizar la atención gracias a los estímulos que se generan.

- Desarrollar la imaginación y la creatividad, además de distinguir entre realidad y fantasía.

- Potenciar el desarrollo del lenguaje y el pensamiento abstracto.

- Afianzar las funciones ejecutivas y enriquecerlas para llegar a actividades más complejas.

- Aprender a clasificar, construyendo categorías con los objetos, agrupándolos y ordenándolos en función de sus semejanzas y diferencias.

PROPUESTAS DE JUEGOS PARA ESTIMULAR LA MENTE DE TUS HIJOS

Cuando empecé a escribir este libro, consideré que entre todos los puntos a tratar sobre la estimulación cognitiva infantil, era de vital importancia hacerte partícipe de un marco teórico necesario para entender el porqué de la importancia de estimular a través del juego a nuestros hijos e hijas.

Una vez desarrollados los anteriores capítulos, te entrego una guía de propuestas de actividades enfocadas en el juego para ayudar a los más pequeños en su desarrollo cognitivo.

Esta guía está dividida en juegos por edades, fáciles de realizar en cuanto a elaboración previa y con materiales al alcance de todos. Vas a poder comprobar que se usan muchos elementos que puedes tener en casa y a los que darle una segunda vida para crear un recurso educativo. Además de la importancia de los juegos de mesa de siempre que encierran un gran poder de aprendizaje educativo.

En todos los juegos, prima la diversión de nuestro pequeño o nuestra pequeña y el desarrollo de sus habilidades cognitivas.

Es muy importante que consideres que no es suficiente presentarle la propuesta y que la haga. Debes motivarle e inspirarlo para atraer su atención como si de un juego se tratara en toda regla.

Claro que el protagonista es él y no debes sobresalir en la actividad, pero acompañarlo es fundamental en su estimulación. El niño y la niña necesita de tu cercanía, tu mirada, tu ánimo... para sentirse a gusto y con confianza para explorar el material, de manipular los recursos que le presentes y, que en definitiva, sea una experiencia enriquecedora para su proceso de enseñanza y aprendizaje.

Podréis observar que hay propuestas que aunque vaya creciendo puede seguir haciéndolas porque le puedes ir subiendo la dificultad de realización y así irán poniéndose en juego, reforzando o ampliando más capacidades cognitivas.

Recomiendo plastificar aquel material creado en papel porque al utilizarse puede dañarse o estropearse y así lo podrás volver a usar en varias ocasiones.

En mi práctica profesional, he podido comprobar de primera mano que si hay algo que los pequeños disfrutan es manipular los recursos. Te aseguro que esta manera es la más idónea para incentivar su curiosidad y placer por aprender.

Te preguntarás cuánto tiempo debe durar una sesión de estimulación, pues es sencillo: el tiempo lo va a determinar el niño o la niña. Cada niño es un mundo y como tal depende solo de él la duración de una propuesta. Si le gusta, está motivado, su atención no se dispersa... serán factores condicionantes del tiempo estimado para ello.

Muchas de las propuestas que vas a encontrar a continuación necesitan un descargable para poder llevarlo a cabo. Solo tienes que escanear este código QR y accederás en exclusiva a una carpeta *Drive* donde encontrarás los imprimibles y podréis utilizarlos.

ACTIVIDADES PARA UN AÑO

BOLSAS, TARJETAS, COLCHONETAS, BOTELLAS Y PANELES SENSORIALES

Puedes realizarlas con bolsas de tipo *zip*, funda de plastificar o de guardarropa, cartón, botellas de refrescos... le introduces todo aquel elemento que quieras hacer protagonista en ese recurso y lo llenamos de agua en el caso de las botellas y bolsas. En las tarjetas y el panel pegamos con un adhesivo potente los objetos que quieras poner para trabajar el tacto y la vista.

Es importante no saltarte el paso de sellar bien la entrada de líquido para evitar fugas. También es importante que pegues con celo los extremos de la bolsa en la superficie de juego para que no se mueva y pueda explorarla mejor, ya que no tienen la tonicidad ni fuerza en las manos aún desarrollada para sujetarlas.

MÓVIL COLGANTE

@anakypoppins

Cuando son bebés recién nacidos y la mayor parte del tiempo lo pasan boca arriba y puedes prepararle un colgador con variados elementos. El material que colgarás será de color blanco y negro, ya que al principio no diferencian colores. Posteriormente, le cambiarás a elementos de color. Incluso puedes hacer un móvil para llevar a cualquier sitio con un paraguas y le cuelgas aquello que quieras, incluso las botellas sensoriales o telas...

POMPAS

Lo realizamos con un pompero o puedes hacer el tuyo propio con limpiapipas y un bote en el que mezclar agua y jabón de friegaplatos. Con este juego favorecemos el control postural, coordinación óculo manual, seguimiento visual, atención, etc. La estimulación sensorial que aporta jugar con pompas de jabón es inmensa. Esta actividad provoca una experiencia en los más pequeños que podemos definir como una sensación de felicidad absoluta. Es muy curioso como quedan completamente absortos ante las pompas siguiendo el camino que recorren por el aire hasta el suelo. Sopla las pompas al aire libre donde haya más luz y así puedan observar también los rayos de luz que se producen.

CUENTOS CON IMÁGENES

Los bebés deben tener acceso a cuentos o libros adaptados a su edad. Si bien a esta edad todo se lo llevan a la boca, serían idóneos de tela o silicona con imágenes y texturas más que palabras. Servirán de gran estimulante para el desarrollo de los sentidos y aprendizaje de vocabulario. Puedes colocar los libros de pie a su alrededor para que se acerque a ellos. Comparte momentos con ellos para leerles el cuento, explicar qué ocurre en sus páginas, quién aparece, etc. Esos instantes están cargados de enriquecimiento para nuestros pequeños.

OBJETO DE PERMANENCIA

Con juegos de este tipo el niño aprende que aunque no ve un objeto, este sigue existiendo y no ha desaparecido. Puedes realizarlo en una caja de zapatos pequeña o con una grande y el niño introduce pelotas, pompones, etc. Puedes decorar la caja para hacerla más atractiva. También puedes coger una caja y hacerle una apertura estrecha y alargada para que pueda meter tapaderas de metal o plástico. O incluso en una bandeja de cartón, le haces varios agujeros del tamaño que necesites y van introduciendo pelotas por sus huecos.

INSTRUMENTOS DE MÚSICA

Sonajeros y muñequeras de cascabeles: su sonido produce placer al bebé y repite su movimiento para volver a escucharlo, lo cual estimula su sentido del oído y le ayuda a conectar en su cerebro. Los bebés repiten una y otra vez sus gestos y acciones porque expresan así que algo les gusta. Escuchar música clásica o relajante, ayuda a los más pequeños a concentrarse, reducir el estrés, estimula la creatividad, aumenta la memoria y mejorar el carácter.

CAJA DE LAZOS

Con este tipo de material ayudamos al pequeño a entender que toda acción tiene una reacción: al tirar de la punta de un lazo este se extiende hasta donde llega su longitud. Puedes ponerle lazos de diferentes longitudes, texturas y ancho. Muéstrale la caja y anímale a coger la punta de los lazos y tirar de ellos. Hazle un nudo en ambas puntas para que no se salga.

GLOBOS DE HELIO

Antes de que el bebé sea capaz de darse la vuelta por sí solo, puedes ponerle unos globos llenos de helio atados a sus extremidades con una cuerda suave. El bebé moverá sus brazos y piernas para disfrutar de lo que sucede cuando lo hace repetidamente. (FOTO 29)

TIRA DE LA CUERDA

Esta actividad es ideal cuando aún no andan ni gatean, les puedes atar algunos juguetes a unas cuerdas y tiene que tirar de ellas hasta que lleguen a él. Vuelve a separarlos para que repita. Puedes hacerlo incluso con las botellas sensoriales...

JUEGOS DE AGUA

Cuando aún están boca abajo, pero son capaces de sostener la cabeza, le preparas un barreño con agua y juguetes acuáticos, aunque puedes hacerlo con pelotas, pompones... elementos que sean de fácil agarre para ellos. Le encantará juguetear con ellos y salpicarse. Esta actividad es muy atractiva porque les encanta mojarse y, aunque quizás al principio no quieran hacer nada, acabará acostumbrándose a mojarse, a pesar de que inicialmente no esté muy animado.

SALIDAS AL AIRE LIBRE

Siempre que el tiempo lo permita, sal a pasear con tu bebé por un parque, zona arbolada, playa... espacios verdes libres de contaminación acústica, visual y atmosférica. La claridad del cielo, el movimiento de las hojas en las ramas de los árboles, el sonido del aire entre estas mismas... Puedes tumbarlo boca arriba sobre una manta en el suelo, soplar pompas para ver qué ocurre... siempre acompañando de tu expresión oral cantándole o hablándole.

IMITAR SUS SONIDOS

Ponte sobre tu bebé, a la altura de sus ojos y obsérvalo de cerca, escucha sus sonidos e imítalo. Gesticula, sonríele, cántale suavemente. Además de estimular su lenguaje, se produce una sensación de satisfacción y agrado en su cerebro que le ayuda a estar tranquilo, confiado con su figura de apego.

CÁNTALE A TU BEBE

Puedes cantarle cambiando la velocidad, la intensidad, pon diferentes voces, añade movimientos de tus manos y haciendo sonidos con los dedos... estimularás su seguridad, vínculos de confianza, aptitudes musicales, los sentidos de la vista y el oído, etc. Cántale canciones cortas, fáciles de recordar, relacionadas con momentos del día o rutina.

AL ESCONDER

Jugar al escondite con tu bebé será un momento de diversión asegurada. Lo ayudarás a entender que sigues ahí, aunque no te vea, iniciándolo en el objeto de permanencia con una figura humana, potenciando su seguridad y confianza. Puedes sujetar un trozo de tela a la altura de su cara y la tuya y decir «¿dónde estás?», bajas la tela y dices «¡Aquí!», repites una y otra vez. Poco a poco, el bebé será quien quiera agarrar la tela y apartarla para verte.

ACTIVIDADES PARA UN AÑO

OBJETOS PEGADOS

Pega con cinta adhesiva de colores en la bandeja de la trona aquellos juguetes de tu niño o niña por los que más interés muestra, enfócalo al tema que quieras trabajar con él (animales de la granja o el mar, vehículos, instrumentos de cocina de juguete, pelotas...). Esta actividad lo ayudará a focalizar la atención en el ejercicio que está realizando, concentrarse, la motricidad fina y coordinación óculo manual.

ÁLBUMES DE FOTOGRAFÍAS

Puedes hacerle a tu pequeño o pequeña un álbum o dado lleno de fotografías en las que se visualice claramente los miembros de la familia en cada página. Este álbum puede ser rotativo, es decir, cambiar sus fotografías cada cierto tiempo y usarlo como libro de bits de imágenes. Cada periodo de tiempo muéstrale unas imágenes acerca de algún tema, tal como animales del mar, de la granja, de la selva; alimentos, paisajes, objetos según su color, monumentos...

CUBO PRISIONERO

Este juguete una vez que lo descubrí no ha abandonado mi aula, ya que lo utilizo con muchos recursos: telas, pompones grandes, pelotas, papeles, animales, etc. Lo puedes preparar en un cesto de la ropa sucia que tenga orificios para anudar las cuerdas o elásticos en sus lados y vas cruzándolos de un lado al otro a modo de prisión. Los elementos quedan dentro y el niño o niña tiene que liberarlos, realizando los movimientos necesarios con la mano para sacarlo.

¿QUÉ HAY DENTRO?

Para preparar esta propuesta necesitas una bandeja de horno de cupcakes, unos juguetes pequeños que quepan cada uno en un hueco y pegas con cinta adhesiva papel de seda por encima para que no vea qué hay dentro y la curiosidad haga su juego. El niño tiene que pellizcar el papel para liberar lo que hay dentro. Esta actividad también podemos realizarla en un cesto con una serie de elementos liados en papeles o telas, el niño tiene que deslizar el objeto y, si ya reconoce atributos en ellos, puede clasificarlos según color, forma, dónde viven (en el caso de los animales) o por qué medio se mueven (en caso de los medios de transporte).

POP iT

Este recurso está de moda al ser de un material tan manejable por sus dedos suaves. La propuesta consiste en ir introduciendo el dedo índice en cada hueco del *pop it* para trabajar la motricidad fina, pero también la atención, observación, planificación... Este material puede usarse en infinidad de opciones conforme crezca, añadiéndole variantes o para trabajar conteo, iniciación a la lectura... Su tamaño es lo que lo hace fantástico para llevar donde quieras.

INSTALACIONES DE JUEGO

Son fundamentales para fomentar el juego heurístico y libre en edades tempranas. Se pueden preparar en forma geométrica y con tantos elementos como te alcance la imaginación, referente a alguna temática, de reciclaje... Son completas bellezas en la educación y contemplarlos mientras actúan libremente en la instalación es un regalo. Puedes observar como manipulan, exploran, experimentan con los diferentes elementos que compongan la instalación y van descubriendo y aprendiendo a través de la curiosidad y el asombro.

PUZZLES DE PIEZAS ENTERIZAS

Son de fácil agarre y mejor manejo para poder realizarlos. Los puedes comprar de madera que encontrarás de cualquier temática imaginable o incluso los puedes hacer de cartón. Yo considero que los de figuras geométricas son los ideales para empezar a hacer puzzles. También me gustaría añadir una variante a este recurso que puedes utilizar esas piezas para aprender conceptos y, más adelante, sobre los 3 años, en clasificaciones si no tenéis figuras reales a tamaño pequeño como se ve en la foto.

CANCIONES CORTAS

Relacionadas con rutinas diarias como recoger, con las partes del cuerpo, animales, acciones… La música tiene un poder universal en el aprendizaje de los niños e incorporar sencillas canciones desde que son bebés les ayudará a potenciar muchas habilidades cognitivas. Melodías para ordenar, el aseo; aprenderse partes del cuerpo, vocabulario de animales, plantas, alimentos…, lo cual favorecerá la adquisición del lenguaje verbal, expresión y comprensión.

CESTO DE SONIDOS

En una caja o cesta que tengas en casa pon todos aquellos objetos que produzcan sonido al golpearlos con otros y no entrañe peligro al pequeño. Por ejemplo: cucharas de metal y madera, cuencos de plástico y metal, coladores, etc. La actividad consiste en dejar jugar libremente al niño o niña con todos los elementos que forman el cesto y haga «música».

TORRES CON CUBOS APILABLES

Los niños deben jugar a hacer torres. Este es un juego fundamental que le favorecerá en la comprensión y el pensamiento lógico. Puede utilizarse tanto cubos de verdad, como cualquier otro elemento, como vasos, piedras de madera, siempre del tamaño adaptado a su edad. Descubrirán el placer de construir y derrumbar y volverá a hacerlo una y otra vez. Muéstrale cómo se juega, comparte el momento con él y juega a construir torres.

CAJA DE PAPELES

Este tipo de material puede ayudar mucho para iniciar a los más pequeños en la pinza digital mediante arrugar, envolver y desenvolver partes de su cuerpo con ellos, rasgarlo, etc., ya que sus dedos son tan novatos aun después del primer año de vida que necesitan mucho movimiento cada día para que adquieran la movilidad y coordinación que necesita para que, cuando llegue el momento, esté preparado para la escritura. Para conseguir un buen agarre del lápiz, es fundamental comenzar desde propuestas de este tipo. Podemos darle una caja o cesto de papeles de texturas diferentes para que los explore, experimente con ellos, enseñarle la correcta posición para el rasgado, posteriormente el arrugado y así después hacer bolas de papel…

ACTIVIDADES PARA DOS AÑOS

PANEL DE TAPAS

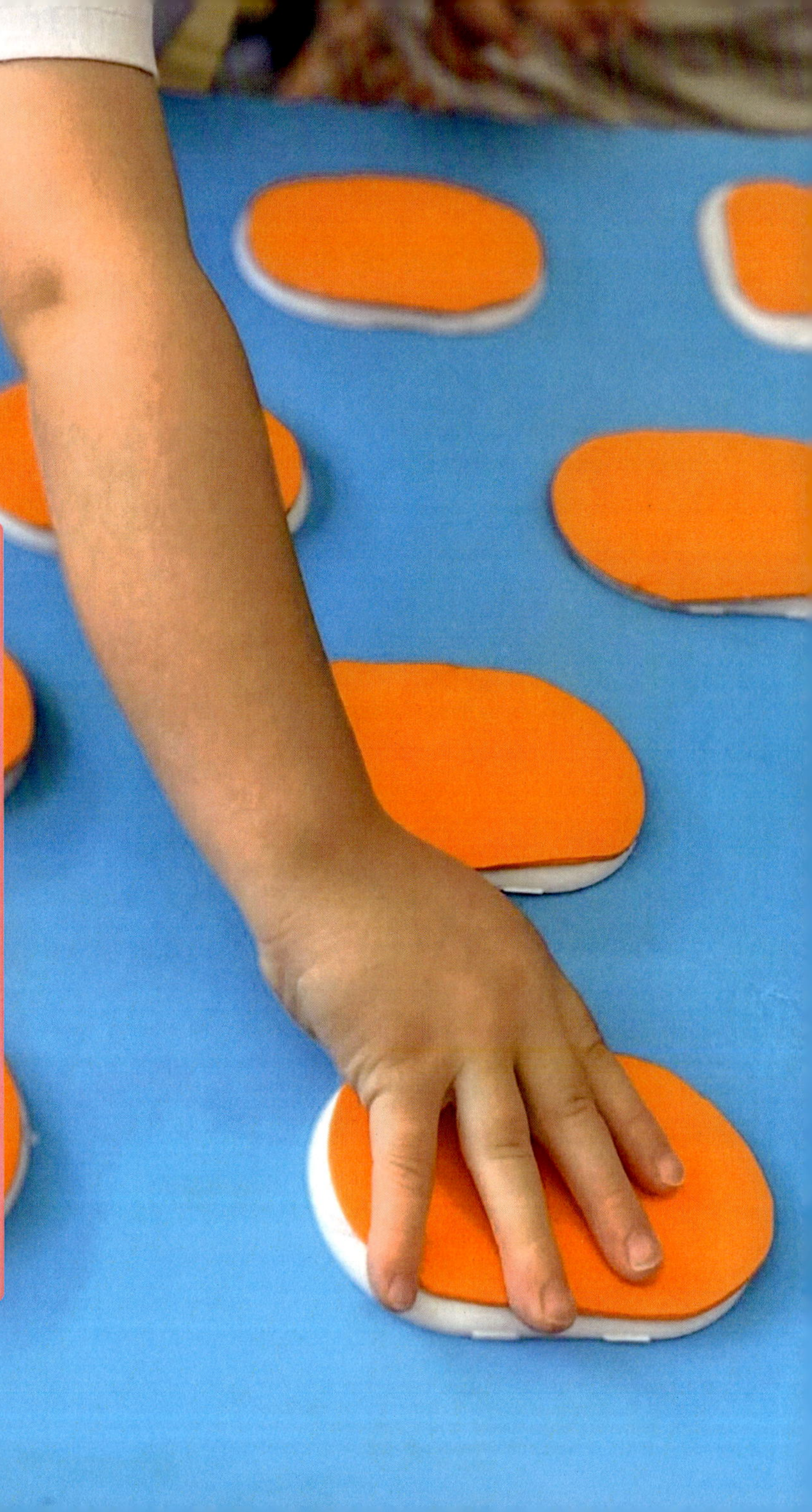

Necesitas una caja de cartón del tamaño que quieras en función del número de tapas que quieras poner, tapas de los paquetes de toallitas e imágenes para pegar en su interior. Puedes poner imágenes relacionadas entre sí para usarlos como *memory* y buscar qué se encuentra bajo las tapas. Es una propuesta muy divertida en el que disfrutarán jugando a descubrir qué o quién se esconde en cada una. Una manera de jugar es con fotos de los miembros de la familia, los compañeros de clase, imágenes de animales u otros objetos, etc.

INSTRUMENTOS DE MÚSICA

Panderetas, tambores, cascabeles, maracas... Conforme va creciendo, hay un sinfín de instrumentos musicales que puede manipular, aprende a utilizarlos de manera lógica e interiorizando que si los emplea de una manera determinada provoca música, lo cual fomenta la creatividad, la percepción, la atención, las emociones, etc. Puede jugar a acompañar una melodía que ya esté sonando, muéstrale agrado y satisfacción por lo que está haciendo (aunque sea horrible el sonido), así lo motivarás a que quiera acercarse a aprender a tocar un instrumento conforme tenga edad de hacerlo. De otra manera, acaban pensando que no pueden aprender y no lo intentan, perdiéndose la infinidad de beneficios que ganarían incorporando el aprendizaje de tocar un instrumento de música en su vida.

ROMPECABEZAS DE DOS O 3 PIEZAS

Los rompecabezas puedes comenzar haciéndolos de 2 piezas únicamente e ir aumentando conforme vayas viendo que está preparado para dividirlo en más partes. A mí, personalmente, me gusta hacerlos en cartón con dibujos hechos por mí. También puedes descargarte imágenes de internet o hacerlos más personalizados con fotos suyas, las plastificas, las cortas en varias partes y a montar el rompecabezas. Incluso cuando ya relacione números con sus cantidades o esté en el aprendizaje de la conciencia fonológica, puedes utilizar las piezas de construcción como rompecabezas pegando las imágenes en cada pieza y relacionándolas entre sí por parejas.

JUEGO LIBRE CON PRENDAS DE VESTIR, TELAS

La percepción libre del tacto jugando y descubriendo las posibilidades que le puede brindar las telas y sus texturas es un momento idóneo para dar rienda suelta a su imaginación y libertad de movimiento. Puedes hacer una caja, cesta, perchero... con todas las telas o poner algunas y cambiarlas cada cierto tiempo. Se pueden usar en infinidad de actividades y sacarles mucho partido como preparar una instalación en el suelo donde los protagonistas sean las telas formando una figura geométrica combinándolas con algún otro elemento como papel o cartón, las prendas son geniales para iniciarles en el aprendizaje de vestirse y desvestirse, manipular botones, cremalleras, enganches...

PARED DE TUBOS Y POMPONES

Un recurso superdivertido y que no te puede faltar porque se lo pasan pipa introduciendo los pompones una y otra vez para ver por donde los meten y donde salen. Puedes usar una caja grande y resistente, tubos de cartón que pegas a sus paredes con silicona caliente y además lo puedes adornar como más te guste. Dependiendo del diámetro de los tubos, puedes usar pompones de diferentes tamaños, pelotas…, además, le puedes añadir la variante de que introduzcan en cada tubo los de su color correspondiente.

TAPETES DE ELEMENTOS Y SUS SOMBRAS

Me gustan mucho los puzzles y me encanta más aún elaborar símiles a ellos. En folios, cartulina, papel continuo, cartón... puedes dibujar la silueta o sombra del elemento y el niño tiene que buscar su correspondencia en el plano y colocarlo sobre él. Este es una variante que me encanta añadir a los propios juguetes que ya tienen. Por ejemplo: los apilables, encajables, piezas de construcción, herramientas, imanes de letras y números, utensilios de la cocina, etc. Las posibilidades son infinitas. Si escaneas el código QR podrás descargar varios documentos con propuestas para trabajar con tapetes.

@makypoppins

BLOQUES LÓGICOS CASEROS

Este material es fundamental para que los más pequeños interioricen las figuras geométricas de manera manipulativa. Puedes hacerte con ellos comprándolos de madera o plástico, pero la manera más económica es hacerlos tú mismo con cartón o en papel y los plastificas. Con ellos puedes trabajar las distintas formas, colores, tamaños, texturas... atendiendo a los atributos que poseen las figuras. Los utilizarás desde los 2 años hasta los 6/7 años mínimo, incluso más. Podrás plantearle hacer figuras con los bloques, a modo de «tángram», etc.

MEMORY DE SIMETRÍA, PAREJAS IGUALES

@makypoppins

Un juego básico que no puedes dejar de tener son los *memory*. Puedes hacerlos con el objetivo de trabajar la simetría de los elementos que quieras, buscar su igual, etc. En los documentos para descargar encontrarás una batería de imágenes que puedes usar para hacerlo. Hay temática de juguetes, formas geométricas, números, letras, animales, profesiones, vehículos, material escolar, alimentos, etc.

BANDEJAS SENSORIALES

@makypoppins

Con bases de nieve artificial, arroz, fideos, pasta, gelatina, arena de la playa, agua, hielo, césped artificial... son esenciales para un aprendizaje significativo, al poner en práctica los cinco sentidos los estímulos sensoriales se llenan de información manipulando libremente y la envía al cerebro de todo lo experimentado. También se pueden hacer tematizadas para afianzar en conceptos y características que quieras trabajar con tu peque. Puedes añadirle cucharas, vasos, cuencos, esponjas, hacerlas con elementos comestibles como gelatina, chía, arroz o legumbres teñidas, papeles, etc. Cualquier elemento que ayude a tu pequeño a estimularse sensorialmente y no entrañe peligro alguno para él, servirá para la bandeja.

RELACIONAR ELEMENTOS REALES CON SU FOTOGRAFÍA O SU SOMBRA

Este tipo de propuesta es importante realizarla, ya que a veces pensamos que como son niños pequeños tenemos que utilizar imágenes infantiles (dibujos), pero tienen que conocer la realidad más cercana a ellos y, si lo haces manipulable, será más significativo aún.

CLASIFICACIÓN DE OBJETOS ATENDIENDO A ATRIBUTOS

Como forma, color, significado: puedes realizar agrupaciones de todo aquello que quieras para trabajar el reconocimiento y distinción de atributos en los objetos. Además, conforme vaya creciendo le añades categorías más complejas como agrupar por familias o atendiendo a más de una cualidad como forma y tamaño, color y grosor... La forma más sencilla es iniciarse con los colores, seguido de los tamaños, continuando con las formas, etc.

JUGAR CON PINTURA LIBRE

Sobre papel continuo, papel de aluminio... acompañado de música.ermite al niño y la niña expresarse libremente dejando salir sus emociones y sentimientos, aunque te parezca que con 2 años poco va a expresar... te equivocas. Puede haber alguno que no quiera hacerlo, porque la textura de la pintura no le gusta y no hay que forzar nada. Poco a poco la tocará, o incluso puedes ofrecerle un pincel grueso, esponja, sellos... para que el tacto no sea directo y se sienta más cómodo. Después, déjalo secar y ponlo en algún sitio visible para que pueda visualizar la obra que ha creado.

PLASTILINA

Este es un material fascinante que no puede faltar en cada hogar. Durante años y años, ha gustado a todas las generaciones y sigue siendo un éxito en la etapa infantil. Está cargado de poder para el desarrollo de nuestros niños y niñas, ya que favorece la creatividad e imaginación, la atención, la motricidad fina, la concentración, el pensamiento simbólico, resolución de problemas, planificación, potenciar los sentidos, expresión emocional, aprende a relajarse, formar su propia identidad, interiorización de conceptos y cualidades, entre otras muchas.

ACTIVIDADES PARA TRES AÑOS

DADO DE ACCIONES

Los cubos con los huecos en sus caras para incorporar imágenes con gestos, acciones, etc., son geniales para trabajar las emociones, el cuerpo, movimientos, conceptos... Puedes hacerlo con una caja en forma de dado, añadirle velcro en cada cara y así puedes cambiar las imágenes que le pegues para darle diferente temática o emplearlo según necesites.

JUEGO SIMBÓLICO

A los médicos, veterinarios, tiendas, mecánicos, familias, etc. Con este tipo de juego, sin utilizar materiales como tal, puede jugar a lo que se le ocurra en su imaginación. Puede estar recreando una escena en una tienda y hacer como que está vendiendo alimentos, con piedras haciendo de estos. El abanico de posibilidades es absolutamente infinito, usar una caja de cartón para navegar como un pirata, una casa recreada con sábanas...

BÚSQUEDA DEL TESORO

Con este juego se pretende el reconocimiento de las partes de la casa y los elementos característicos de cada zona. Puedes jugar con tarjetas elaboradas por ti misma en las que se vea un objeto en cada una. Cada jugador coge una tarjeta y tiene que ir rápidamente en búsqueda del objeto que le ha tocado. Cuando ya se haya iniciado en el conteo, se puede usar un dado y coger tantas cartas como este indica y recoger en un tiempo determinado de todos los objetos que le haya tocado.

MINI MUNDOS

Es un escenario en el que el niño recrea con diferentes elementos la realidad para interactuar con él y así descubrir el mundo a través del juego. Es una actividad multisensorial que ayuda a potenciar la creatividad, la imaginación, el juego simbólico, el lenguaje expresivo, el gusto por experimentar, etc. Puedes utilizar bandejas, barreños, un espacio en el suelo..., incorporar elementos estructurados o no, piezas sueltas o incluso objetos del día a día, llegando a construir escenarios como un bosque, una granja, una escuela, un supermercado, el mar, el polo norte..., dando libre juego a su imaginación.

JUEGOS DE CONSTRUCCIÓN

Con elementos reciclados o naturales, imanes, objetos que brinden la posibilidad de usarse para construir torres y todo aquello que su imaginación le permita hacer con las piezas que dispone. Al principio hará modelos más sencillos y avanzará poco a poco a más complejos. Incluso, a partir de 5 años, puedes ofrecerle tarjetas con un patrón a imitar de una construcción para que la represente con sus piezas, establecer una zona espejo y realizar en el lado derecho la misma figura que hay en el izquierdo y trabajamos la simetría.

DOMINÓ

Hecho en cartón y puedes hacerlo de animales, cantidades, letras, números, colores, vehículos... le presentas las fichas boca arriba para empezar a jugar por primera vez, que las toque, las agrupe, las ponga en fila y entonces le explicas en qué consiste jugar al dominó. Si jugáis las partidas juntos es muy divertido porque, si es de animales, cada vez que pongáis la ficha de uno en concreto se hace el sonido que produce, o un gesto característico. Podrás encontrar en los descargables una batería de imágenes que puedes imprimir las veces que quieras y usar para hacer tu propio dominó.

INICIACIÓN A EXPERIMENTOS CIENTÍFICOS

Pueden ayudarles a entender mejor ciertos aspectos del mundo que les rodea, alimentan su motivación y creatividad, les ayudan en la resolución de problemas, el pensamiento, la creatividad, la observación, anticipación, coordinación óculo manual, habilidades sociales...

Algunos experimentos sencillos como: arcoíris con agua y lacasitos; inflar un globo con bicarbonato y vinagre; un volcán con los mismos productos; atravesar una bolsa llena de agua con lápices; mezclar pintura con agua en diferentes vasos colocar un trozo de papel que comunique de un vaso al otro y ves como se va tiñendo el papel; pintar en leche con un bastoncillo mojado en lavavajillas y pintura; llenar un vaso con agua; con aceite, echas unas gotas de pintura y una pastilla efervescente en el interior y se crea una lámpara de lava.

@makypoppins

EMPAREJAR CALCETINES

Muchas veces a nuestros hijos les encanta colaborar en las tareas que estamos haciendo en casa, algo que pueden hacer es encargarse de emparejar los calcetines.

Trabajar los iguales o símiles es importante, además, lo estarás haciendo en una necesidad para la vida real, lo cual le acerca a su realidad más próxima.

Si a tu pequeño o pequeña le gustan los coches, en un trozo de papel continuo o cartulina, dibujas unas carreteras y unas líneas bien diferenciadas dejando un espacio entre ellas a modo de parking, pega una pegatina en el centro de cada hueco como números, cantidades, letras, figuras geométricas, colores... Estas pegatinas tienen que tener una pareja igual y pegas una en cada vehículo. Tendrá que jugar con los vehículos a ponerlos su plaza de aparcamiento correspondiente.

TAREAS DE LA CASA

La consecución de tareas del hogar conlleva que el niño sea más responsable y consciente de la necesidad de participar en el mantenimiento del orden de la casa, se iniciará en el trabajo en equipo, si se lo planteas como un juego le será más motivador participar. Actividades como recoger sus juguetes, poner la mesa (los cubiertos y la servilleta), recoger su ropa sucia, preparar su mochila para el día siguiente, tirar un papel usado a la basura, guardar los cubiertos limpios en su cajón correspondiente, colocar su mochila del cole y zapatos en su sitio una vez llegado a casa… Son muchas las acciones que pueden hacer adaptadas a su edad y posibilidades.

Hacer una **receta de cocina** *sencilla con supervisión*: involucrar a los más pequeños de la casa en la realización de una receta les ayuda a adquirir habilidades y conocimientos de los alimentos, fomenta el vínculo familiar, se divierten, estimula la creatividad, aprenden sobre matemáticas y ciencia… Hay muchas recetas posibles para hacer con ellos, por ejemplo: un bizcocho, galletas, tarta, crepes, tortitas, sándwiches, macedonia de frutas, etc.

TÁNGRAM

Este juego consiste en crear figuras utilizando las 7 piezas que contiene (1 cuadrado, 5 triángulos de distinto tamaño y 1 romboide). Su origen es oriental y lo denominan «el juego de la sabiduría» porque es una herramienta muy efectiva para el desarrollo cognitivo al favorecer el desarrollo de las habilidades matemáticas y geométricas básicas, la observación, centrar la atención, la paciencia, el autocontrol, la orientación espacial, la motricidad fina, estimula la creatividad e imaginación, etc. Es un material altamente poderoso, educativamente hablando. Puedes jugar a él de dos formas: a color o sin color. Y a 4 niveles que irán aumentando la dificultad de realización con la edad: primero, poniendo las piezas sobre un tapete en el que aparezca las figuras a crear del mismo tamaño que las piezas y pones estas sobre la figura. Segundo, sin poner las piezas sobre el dibujo y solo imitando la figura a crear. Tercero, imitar la figura de la tarjeta en la que se ven las piezas diferenciadas por forma pero no con colores diferentes. Y cuarto, las tarjetas representan una figura sombreada (de color negro) sin líneas que delimiten cada pieza interior, el niño tiene que crear la forma colocando cada pieza pensando la posición correcta para componerla igual a la tarjeta.

SACO BINGO

Tenemos unas tarjetas con imágenes de unos objetos a modo de lotería o bingo y un saco (de una tela que no deje ver lo que hay dentro) en el que introduces todas las imágenes sueltas. El juego consiste en sacar imágenes del saco, mencionar su nombre y cada jugador lo tendrá que buscar en su tarjeta para anotárselo con una ficha pequeña encima si lo tiene. Gana el jugador que rellene toda su tarjeta. Se puede hacer sobre temáticas o todos los temas mezclados incluso.

ACTIVIDADES PARA CUATRO AÑOS

ACTIVIDADES DE AGUDEZA VISUAL

Este es un juego que puedes enfocar en torno al tema que quieras. Consiste en identificar los elementos que aparecen en la fila inicial, localizar en el grupo inferior los que son iguales a estos y señalarlos para agruparlos en función a lo que tienen en común. La agudeza visual se puede trabajar en tantas propuestas como quieras, sin embargo, no es necesario hacerlo solo en papel. También aquellos juegos de clasificación atendiendo a atributos es una manera de potenciarla y reforzar la capacidad de rapidez visual en reconocer características en los objetos y ordenarlos a partir de esto y, si son más mayores, añades un temporizador para completar la actividad. Tú mismo puedes añadirle variantes, grado de dificultad...

RELACIÓN TARJETAS Y GLOBOS SORPRESA

Corta unos trozos de cartón y pega diferentes elementos en cada una, por ejemplo: una con maíz, otra con arroz, harina, garbanzos, judías blancas, arena, pompones, papel, tela... y en globos introducimos los mismos elementos. El juego consiste en disponer las tarjetas sueltas sobre la mesa o el suelo, el niño tiene que tocar el globo desde fuera, sin ver lo que hay dentro para adivinar de qué material se trata, relacionando el globo en cuestión con su tarjeta correspondiente.

JUEGO DE IMITACIÓN DE SERIES Y PATRONES

A partir de 3 años también pueden hacerse este tipo de actividades de manera más sencilla y basándose en el primer plano, utilizar sus propios juguetes o crearlos con cualquier elemento como figuras geométricas, números, letras, vehículos, alimentos, animales... cualquier temática es posible. Consiste en imitar con los objetos que aparecen en las tarjetas las mismas figuras, colocaciones, estructuras que observas en ellas pero en el plano real. Este tipo de juego ha sido mi favorito para trabajar la estructuración y orientación espacial con mis hijos, el pensamiento lógico, ayuda a centrar la atención, la observación, el reconocimiento de patrones que después podrán comprobar su repetición en la vida real, etc. Puedes descargarte varias propuestas de este tipo de actividad escaneando el código QR.

PUZZLES

O rompecabezas que ya no interesan al niño o niña, añádele una bandeja en la que buscar las piezas escondidas entre una base sensorial, envuélvelas en papel de revista... algo que le implique aumentar la curiosidad y motivación del juego. Verás como vuelve a retomar ese juego que en concreto había dejado a un lado. También puedes usar las piezas enterizas de un puzzle de madera de niños de 1 o 2 años para clasificar o crear un mini mundo si no dispone de figuras reales de pequeño tamaño.

STORY CUBES

Se trata de unos dados con imágenes en cada una de sus caras. Se lanzan los dados y hay que contar una mini historia en la que aparezcan las imágenes que te ha salido en los dados. Trabajamos la creatividad, memoria, expresión lingüística, pensamiento lógico, atención, etc. Puedes crear tus propios dados con vocabulario específico de algún tema o todos los temas mezclados. Te invito a formar tus propios dados con cajas en forma de cubo, como por ejemplo las de cápsulas de café, ponle un velcro y así puedes cambiar las imágenes de los dados. Puedes usar tantos dados como quieras, aunque lo determinará la capacidad del niño o niña de expresarse para formar una oración o una breve historia en la que aparezcan todas las imágenes que hayan salido al azar. Descarga el documento de la batería de imágenes para crear tus propios *Story cubes*.

TABLA DE CONTEO

Se trata de un tablero numérico con números y huecos para aprender la serie numérica del 1 al 10. Puedes hacerla en madera, cartón o papel y lo plastificas para que te dure más tiempo. Como ves, lo hemos tenido tanto en plano liso como en vertical para introducir en cada tubo numérico la cantidad, solo elige qué modelo te gusta más y ¡a realizarlo! Pero esta tabla de conteo también puedes hacerla para el aprendizaje de las letras y no solo para los números y cantidades.

LINCE

JUEGO DEL LINCE

Cuando yo era pequeña, este fue uno de mis juegos de mesa favoritos y, una vez he sido madre, no dudé de que mis hijos también lo tuvieran. Pero no es necesario tener el juego original, sino que puedes crearte el tuyo propio e ir rotando la temática según la necesidad o interés del niño o niña. Con un folio en tamaño A3, plastificas y le pegas puntos de velcro por toda la superficie. Imprimes dobles y plastificas imágenes de animales, alimentos, vehículos, objetos de la casa, de supermercado, etc. A una tanda les pones el otro punto de velcro para colocarlas en el tablero y la otra tanda de imágenes la introduce en un saco que no puedas ver su interior desde fuera. Coges una sin mirar y ¡a buscar el que te ha tocado! Una variante, si tus hijos ya saben leer, sería cambiar una tanda de las imágenes por su palabra escrita y buscarla en el tablero.

SECUENCIAS TEMPORALES CON FOTOS PROPIAS O IMÁGENES

Los niños y niñas tienen que aprender a distinguir el paso del tiempo y a comprender el proceso de las cosas para así formar un razonamiento real de lo que sucede a su alrededor. La actividad consiste en ponerle orden a una serie de imágenes que se presentan desordenadas en el tiempo y el niño las tiene que ordenar valiéndose de la lógica y su propia experiencia. Si lo haces con imágenes suyas, la motivación y diversión es asegurada porque se ve como principal protagonista del juego. Trabajarás la comprensión de conceptos temporales y secuenciales tan necesarias para su día a día en su desarrollo cognitivo y el desarrollo lingüístico.

PULSERAS ADHESIVAS

Hacemos unas muñequeras con cinta adhesiva ancha y pegamos pompones de diferentes colores alrededor de las muñecas del niño. Ponemos un recipiente de cada color que vaya a clasificar los pompones delante de él. El niño tendrá que ir quitándose los pompones en un tiempo determinado por una cuenta atrás y colocando cada uno en el recipiente de su color correspondiente. Trabajando así atención, coordinación óculo manual, concentración, percepción visual, lógica matemática...

ACTIVIDADES PARA CINCO AÑOS

TRES EN RAYA

Un perfecto juego para iniciar a los niños en los juegos de estrategias y de reglas. Trabaja el pensamiento lógico y razonamiento, la atención, expresión lingüística, percepción y rapidez visual. Otro material al que puedes dar la vuelta y transformar. Es una actividad multifuncional si usas como fichas unos tapones y le colocas imágenes referentes a un tema diferente cada vez que quieras.

SACO SORPRESA

en este juego necesitamos un saco en el que introduciremos algunos juguetes pequeños en su interior. El jugador que empieza tiene que meter su mano y, a través únicamente del tacto, descubrir qué es lo que está tocando. Para más mayorcitos se le puede añadir la variante de verbalizar o hacer preguntas sobre sus características (si es duro/blando, grande/pequeño, alargado/corto, suave/áspero...).

¿QUIÉN SOY?

Se trabaja la imaginación, el razonamiento, la memoria, la expresión lingüística, conceptos básicos, la atención... En este juego podemos ir añadiendo tarjetas conforme el niño vaya aprendiendo nuevas cosas como acciones, personajes de cuentos o películas, referentes de la vida real como sus propios familiares, deportistas, actores, personas importantes...

¿QUIÉN ES QUIÉN?

Este es otro juego de mesa de los de toda la vida, con el cual trabajamos la observación, atención, memoria, percepción y discriminación visual, identificación de atributos, vocabulario sobre descripciones, preguntas y respuestas, etc. Un enfoque que me parece superdivertido y personal es cambiar las figuras del juego por personajes de sus películas o dibujos favoritos, familiares y amigos, etc. Ya te digo que la diversión puede estar asegurada.

TETRIS

¿Quién no conoce este video-juego? Pues puedes tenerlo de manera manipulativa para que puedas jugar largos ratos con tu peque mejor que a través de una pantalla. En los documentos descargables del código QR tienes el documento con el patrón para poder hacer las fichas en cartón. Una vez las tengas pintadas y listas, comienzas a jugar en el suelo o en una mesa amplia, cuantas más fichas hagas más durará el juego. Además, es perfecto para jugar al aire libre.

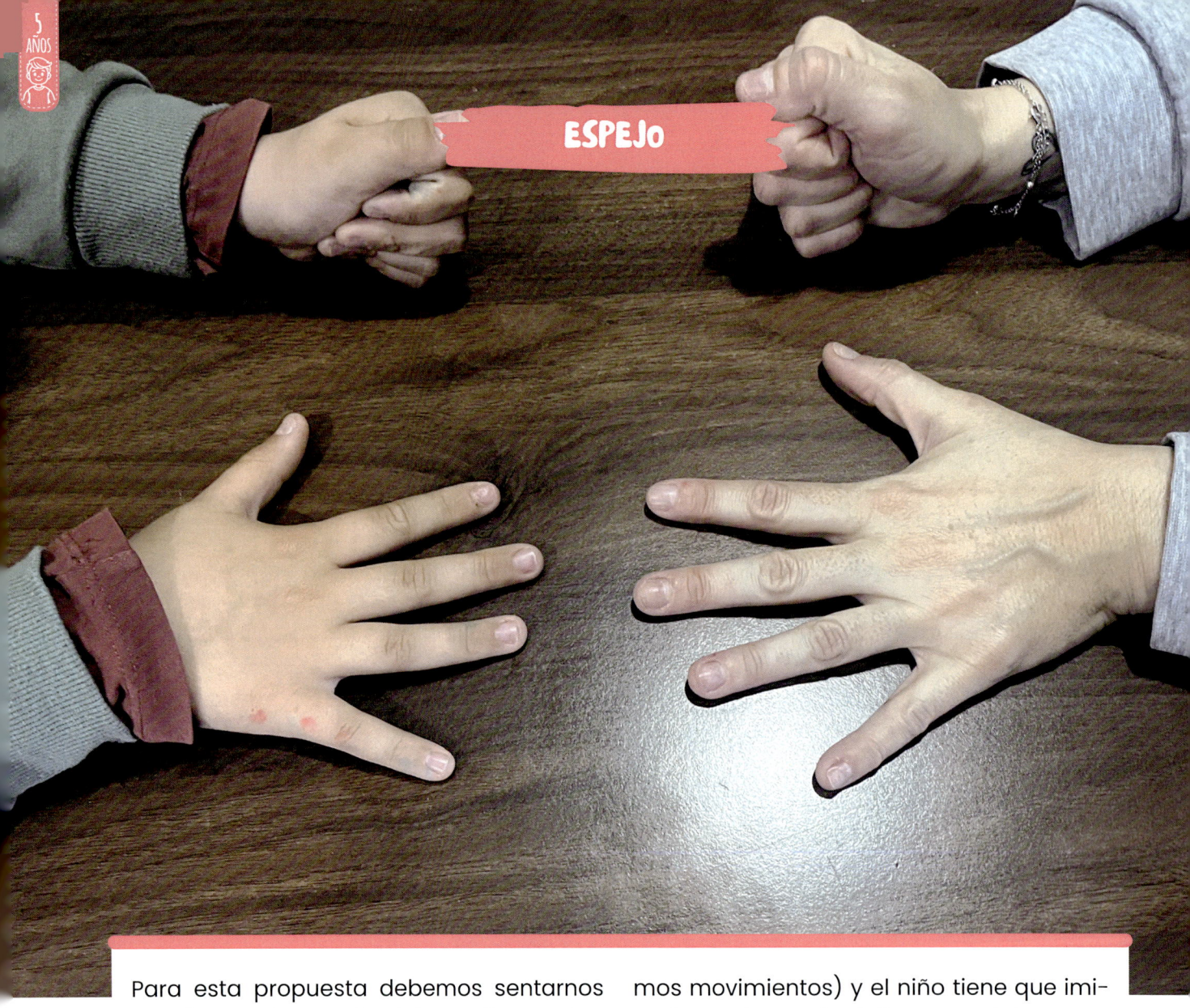

ESPEJO

Para esta propuesta debemos sentarnos uno frente al otro. El adulto realiza gestos con sus dos manos a la vez (tanto la mano derecha como la izquierda realiza los mismos movimientos) y el niño tiene que imitar lo que hace el adulto como si de un espejo se tratara.

MUÑECOS PERSONALIZADOS

Con unos dibujos de prendas de ropa coloreados por el niño, los pegas en un tubo de cartón y le añades a cada uno la cabeza de un miembro de su familia. Así tendrás unos muñecos personalizados para jugar e inventar mil aventuras de piratas, exploradores, mundos fantásticos... una propuesta ideal para fomentar el juego libre y la motivación que ello conlleva de hacerlo con figuras de su propia familia y hechos por él o ella.

ACTiViDADES PARA SEiS AÑoS.

PASATiEMPOS

Estas actividades, tipo resolver laberintos, sudokus, crucigramas, sopas de letras... son ideales para mantener la mente activa y la atención centrada en lo que está realizando. Además, son un material muy camaleónico porque se puede adaptar a la temática que quieras. Puedes hacerlo con los nombres de sus familiares o de sus compañeros de clase, jugadores de su equipo de fútbol favorito, de héroes y villanos, etc.

JUEGOS DE MESA

A esta edad ya pueden estar perfectamente acostumbrados a compartir tiempo de calidad con los adultos en juegos de mesa adaptados a sus edades. Para mí son los juguetes que no pueden faltar en la lista de reyes de cada niño o adulto. Los juegos de mesa ayudan al refuerzo de muchísimas capacidades del niño y de los no tan niños. Mantiene activo el pensamiento lógico, resolver problemas, búsqueda de soluciones, adquiere nuevos conocimientos, respetan el turno de participación y las reglas del juego, mejora de habilidades sociales, potencia el desarrollo de la expresión verbal... Aquí hablamos tanto de juegos de tableros como de cartas, dados, etc.

BUSCA LAS DIFERENCIAS

Aquellas imágenes que son prácticamente idénticas, pero esconden una serie de diferencias y tienes que emplearte en encontrarlas, suponen una propuesta de actividad cargada de trabajo, de la atención, percepción visual, discriminación, etc.

ARCOÍRIS DE CÍRCULOS

En esta propuesta tenemos 3 aros de tamaño grande, mediano, pequeño y 3 colores (rojo, azul, amarillo). El niño o niña tiene que colocar los círculos en el orden que indica la tarjeta «con una visualización de un plano desde arriba». En el descargable encuentras las figuras planas, pero si lo haces en cartón puedes pegar varios y así hacerlo tridimensional. La actividad se realiza en el plano de vista desde arriba para poder entender como ordenar los círculos.

@makypoppins

COORDINACIÓN BILATERAL

Aunque todas las propuestas suponen un ejercicio para el cerebro, esta propuesta tiene como objetivo unir ambos hemisferios cerebrales para así conseguir mayor concentración, motivar la creatividad y potenciar el desarrollo motor. En concreto, esta gimnasia que propongo a partir de los 6 años, consiste en usar ambas manos y dedos, lo cual ayudará a mejorar el enfoque, la concentración, la memoria y las habilidades motoras. Si fomentamos actividades en las que ambos hemisferios cerebrales trabajen juntos a la vez, nuestro hijo o hija podrá ser capaz de tocar un instrumento musical, teclear un teclado alfanumérico... todo aquello que requiera una coordinación bilateral cerebral.

Las propuestas puedes descargártelas en el código QR. Son unas fichas en las que aparecen una serie de patrones en los que seguir un camino con direccionalidad diferente pero usando a la vez ambas manos.

GEOPLANO

Este material perteneciente al área de las matemáticas manipulativas. Está formado por un tablero de madera con un gran número de pivotes sobresalientes que forman una cuadrícula (aunque la disposición de los pivotes puede variar). Es genial para comenzar a trabajar la geometría de manera manipulativa en la edad de 6 años en adelante. Favorece el desarrollo de habilidades como la observación, percepción espacial, atención y concentración, además de conceptos matemáticos relacionados con las formas geométricas. Una maravilla de este recurso es que fomenta la creatividad y pueden acabar creando sus propias figuras usando la imaginación.

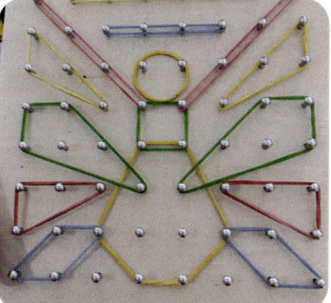

COLOCA DÓNUTS

Este juego puedes crearlo fácilmente con 3 portarollos de papel de cocina de madera y 3 churros de piscina de diferente color que vas a cortar a modo de dónuts. Colócalos en los palos poniendo 5 o 6 en cada uno, mezclando los colores. Ten en cuenta que cada palo hace referencia a cada color de los churros. El juego consiste en completar cada grupo de color en su palo correspondiente y, para ello, tienes que ir moviendo los dónuts de un palo a otro, haciéndolo de uno en uno. Cuando los tenga todos colocados acaba el juego. Es perfecto para trabajar la planificación, observación, atención, concentración, anticipación, coordinación óculo manual, motricidad fina, pensamiento lógico...

AJEDREZ

No es un juego cualquiera, tienes una herramienta superútil para trabajar la mente de los niños, ayudándoles a mejorar la concentración, pensamiento lógico y formas de estrategias, ser pacientes, la frustración, la atención, etc. Primero, enseñarás qué piezas tiene el tablero, cómo se llaman, cómo se mueven... empieza por jugar con él a mover los peones, después una partida moviendo peones y el rey. Conforme vaya interiorizando como se mueven las piezas, añade más.

MANUALIDADES

Cada vez que tus hijos hacen una manualidad les estás fomentando el ser creativos, trabajar la paciencia, concentración, ampliar su imaginación, potenciar su motricidad fina, desarrollar el gusto por el arte, además de un desarrollo emocional sano al convertirse en un medio de expresión de sus emociones, formar su autoestima y confianza en sí mismo. Puede hacer un sinfín de manualidades: con pinturas, reutilizando objetos para darle una segunda vida, usar infinidad de materiales, convertir una idea en algo real usando todo su potencial creativo. En la foto observamos un regalito que se ha elaborado pintando con sus propias manos llenas de pintura, después le añadimos los detalles para terminar de montar la manualidad. Aunque esta es hecha por niños de 1 año y han necesitado ayuda en algunas partes de su elaboración, piensa siempre en algo que sea de fácil elaboración para ellos, teniendo en cuenta su edad y nivel de dificultad. Que no tengan que utilizar materiales de uso complejo, esto les hará sentir satisfacción al ver el resultado final de algo que han hecho por sí solos.

Ahora que has podido ver esta batería de juegos perfectos para estimular a tus hijos o alumnos, te invito a poner en práctica algunas propuestas con tus pequeños y pequeñas y que compruebes el beneficio que puedes brindarles.

Puedes acceder a ellos mediante el siguiente QR.

AGRADECIMIENTOS

Este proyecto ha supuesto un reto para mí, una forma de superación, de cambio y aprendizaje durante todo el proceso.

Gracias a la editorial Sar Alejandría, Javier, por la confianza depositada en mí desde el primer día y a todo el equipo por vuestro trabajo incesante para hacerlo posible.

A María Calero, mi querida @mammiflower, por aceptar participar en este proyecto escribiendo unas palabras preciosas para el prólogo. Eres una profesional muy grande y te mereces que solo te pasen cosas buenas.

A mis hijos, Martin y Antonio, por todo el amor que me dais cada día, fuisteis mi primera locura, sois mi mayor tesoro y hacéis que mi vida tenga sentido. Gracias por ser mis mejores maestros. De vosotros es de quienes he aprendido los más grandes aprendizajes.

A mi marido, por estar siempre a mi lado, cerquita mía, por entenderme, aunque a veces cueste, apoyándome en cada decisión que tomo y seguir queriéndome fuerte.

A mis padres, por poder contar con vosotros en todo momento y sin medida; por siempre confiar en mis posibilidades y enseñarme a no ponerme límites.

A mi hermana, por confiar en mí y comprenderme siempre, levantarme el ánimo cuando ha hecho falta y ayudarme en lo que siempre ha estado en tu mano.

A mis familiares y amigos, por estar cerquita mía, preocuparse por mí, animarme y abrazarme cuando lo he necesitado.

A mis abuelos, por seguir brillando en mi corazón.

A todos mis pequeños y pequeñas que han pasado por mis aulas. Sin ellos no sería la maestra que soy ahora porque yo también he aprendido junto a todos vosotros. Recordad, que la vida es un arcoíris y sus colores están en vuestras manos.

A sus familias, por haberme dejado acompañarlos en la primera etapa educativa de sus vidas y confiarme sus primeros aprendizajes.

A mis compañeras, aquellas con las que da igual que sea lunes, miércoles o viernes…, las que hacen que te olvides de que el trabajo es solo un trabajo y las que, cuando ya no vuelves y tienes que cambiar de rumbo, te las llevas contigo para el resto de tu vida. Gracias por estar presente y toda la ayuda que me brindáis en el día a día.

A ti, que has comprado este libro, que lo has leído y disfrutado. Espero que te haya gustado de corazón y te ayude en tu campo profesional o como padres de un tesoro maravilloso.

Y gracias a mí misma, por no rendirte y seguir adelante, por los esfuerzos, los madrugones y desveladas. Por intentar superarte cada día y nunca perder la sonrisa, aunque aprieten las ganas de tirar la toalla. Sigue luchando, sigue demostrándote que el límite solo lo pones tú misma y que con ganas todo puede lograrse.

EPÍLOGO

Como cierre a este proyecto, quiero hacer un repaso a un proceso de descubrimiento y aprendizaje que me ha marcado durante este tiempo.

En el momento en que me planteé realizarlo me invadieron multitud de cuestiones, de recuerdos en el proceso de estimulación de mis hijos, de ideas por plasmar en estas páginas, de ganas por empezar y nervios por verlo terminado.

Soy una maestra a la que le apasiona su profesión, no me podría plantear otro trabajo hasta el último de mis días laborales porque es lo que me llena y el motivo de mi sonrisa cada día.

Cuando llego cada mañana estoy deseando ver las caritas de ingenuidad y ternura que van llegando poco a poco a mi aula. Compartir con ellos sus aprendizajes también me llenan de nuevos conocimientos a mí, porque aunque no lo parezca, es una verdad verdadera que los maestros nunca dejamos de aprender.

Un 5 de octubre de 2019, nació @makypoppins y creció en mí una frase que me define por completo: «Mi vocación es ser maestra, mi pasión compartirla con mis hijos y disfrutarlo con mis pequeños alumnos».

Quizás no soy nadie para darte consejos, pero después de todo este tiempo me atrevo a decirte: apasiónate y sé un disfrutón o disfrutona en tu clase, porque esos locos bajitos que tienes en tu aula van cada día a verte a ti, a compartir sus aventuras, risas e incluso penas contigo.

Enséñales que la magia no sucede, sino que la creáis juntos, que cada día es una oportunidad para crear algo maravilloso, que aunque sean pequeños pueden hacer cosas muy grandes y, poco a poco, los que llegaron un 1 de septiembre siendo oruguitas, acaban convirtiéndose en preciosas mariposas.

Y como te dije en el capítulo sobre el papel de los adultos; nunca olvides que eres una pieza fundamental en la construcción del aprendizaje de tus hijos o alumnos, porque inspiras, ayudas, guías, animas y apoyas sus pasos en su camino desde que nacen hasta que ya están preparados para volar solos. Llegará el día en el que, como una mariposa, extenderá sus alas y volará, mientras tanto, disfruta sus años de oruga.